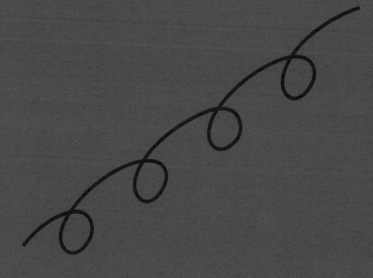

PRINCIPLES

YOUR GUIDED JOURNAL

옮긴이 조용빈

서강대학교 영문학과를 졸업하고 현대자동차에 근무 중이다. 해외영업, 상품, 마케팅, 내부감사, 캐나다 주재원 등의 경력이 있으며 글밥아카데미를 수료하고 바른번역 소속으로 활동 중이다. 《세금의 세계사》 《변화하는 세계 질서》 《트러스트》 《오늘도 플라스틱을 먹었습니다》 등을 번역했다.

나만을 위한 레이 달리오의 원칙

초판 1쇄 발행 2022년 11월 25일
초판 5쇄 발행 2024년 8월 23일

지은이 레이 달리오 / **옮긴이** 조용빈

펴낸이 조기흠
총괄 이수동 / **책임편집** 박단비 / **기획편집** 박의성, 최진, 유지윤, 이지은, 박소현
마케팅 박태규, 홍태형, 임은희, 김예인, 김선영 / **제작** 박성우, 김정우

디자인 필요한 디자인

펴낸곳 한빛비즈(주) / **주소** 서울시 서대문구 연희로2길 62 4층
전화 02-325-5506 / **팩스** 02-326-1566
등록 2008년 1월 14일 제 25100-2017-000062호

ISBN 979-11-5784-629-0 13320

이 책에 대한 의견이나 오탈자 및 잘못된 내용은 출판사 홈페이지나 아래 이메일로 알려주십시오.
파본은 구매처에서 교환하실 수 있습니다. 책값은 뒤표지에 표시되어 있습니다.

⌂ hanbitbiz.com ✉ hanbitbiz@hanbit.co.kr ￼ facebook.com/hanbitbiz
Ⓝ post.naver.com/hanbit_biz ▶ youtube.com/한빛비즈 ⓘ instagram.com/hanbitbiz

지금 하지 않으면 할 수 없는 일이 있습니다.
책으로 펴내고 싶은 아이디어나 원고를 메일(hanbitbiz@hanbit.co.kr)로 보내주세요.
한빛비즈는 여러분의 소중한 경험과 지식을 기다리고 있습니다.

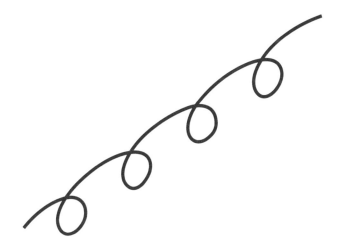

RAY DALIO

나만을 위한

레이 달리오의 원칙

레이 달리오 지음 | 조용빈 옮김

한빛비즈
Hanbit Biz, Inc.

차례

자신만의 원칙을
가져야 하는 이유

그 어느 때보다 더 당신이 당신만의 원칙을 수립하고, 이를 글로 적어 수시로 참조하고, 다른 사람과 공유할 수 있도록 도와주고 싶다. 살면서 이런 원칙이 나와 다른 사람들에게 미친 영향을 처절하게 느꼈기 때문이다.

나는 인생의 긴 여정을 지나면서 자연스레 이런 생각을 갖게 되었다. 40년 전 내게 닥친 현실을 고민하고 이를 해결하는 과정에서 우연히 알게 된 것이다. 처음에는 나의 투자 방식, 그다음에는 내 회사 브리지워터의 기업 문화, 그리고 내 삶의 모든 면에 이를 적용했다. 이로 인해 나와 모든 사람들은 우리가 무엇을 추구해야 하는지, 세상은 어떻게 작동하는지 그리고 상이한 상황에서 어떤 원칙을 적용해야 하는지에 대해 명확히 알게 되었다. 대부분의 원칙은 너무나 명확해서 우리 두뇌가 지식을 습득하듯 컴퓨터에 프로그램화한 다음 정보를 입력하면 우리가 옳다고 생각하는 결정을 내릴 수 있을 정도다. 이 원칙은 더 나아가 훨씬 신속하고 이성적으로 복잡한 결정을 내릴 수 있도록 도와주기 때문에 우리에게 엄청난 힘이 된다.

이처럼 원칙에 입각한 사고 덕분에 세상을 보는 방식과 현실에 대처하는 방식이 바뀌었다. 원인/결과 관계가 장기간에 걸쳐 반복되기 때문에 이 세상의 모든 일들은 상황만 바뀔 뿐 똑같이 반복된다는 것을 깨달았다. 이 같은 현상은 과거부터 계속되어 왔으며 이런 인과관계가 모든 것을 움직이는 기본 원칙이라는 것을 알았다. 빅뱅이 일어나면서 우주의 모든 법칙과 기운이 창조되었고 같이 움직이는 일련의 복잡한 시스템처럼 상호작용하면서 발전했다. 예를 들면 은하계의 형성, 지구의 지형과 생태계, 경제와 시장, 채무 위기, 세계 질서의 변화 그리고 인류 같은 것들이다. 개별적으로 보면 우리 모두는 상이한 시스템(예를 들어 순환계, 신경계 등)으로 이루어진 시스템으로서 이들의 작용으로 우리의 생각과 꿈, 감정 그리고 각각의 개성이 탄생한다. 또한, 과거에 발생한 일과 현재 발생하는 일은 시스템처럼 작동해서 우리가 매일 부딪히는 현실을 창조한다. 나는 이런 패턴을 인식하고 현실에 대처할 원칙을 개발해서, 그 어떤 일이라도 잘 대처할 수 있고 심지어 이를 조정할 수 있는 경지에 이르렀다. 원칙에 근거한 이런 접근 방식이 브리지워터와 나의 성공 이유다.

5년 전, 배운 것을 전수하는 것이 가장 중요해지는 인생의 단계에 들어서자 나는 원칙에 입각한 내 접근 방식과 직장과 삶의 원칙을 《원칙Principles: Life & Work》이라는 책에 담아 출판했고 그 호응은 놀라웠다. 32개국 언어로 번역되었고 전 세계적으로 4백만 부 이상 판매되었다. 이를 바탕으로 만든 '성공 원칙Principles for Success'이라는 동영상 역시 누적 3천만 뷰를 달성했다. 그 뒤로 다른 형태의 원칙을 다룬 《레이 달리오의 금융 위기 템플릿Principles for Navigating Big Debt Crises》과 《변화하는 세계 질서Principles for Dealing with Changing World Order》를 썼고, '경제시스템의 작동방식How the Economic Machine Works'과 '변화하는 세계 질서The Changing World Order'라는 이름의 동영상을 내놓아 1억 뷰 이상을 달성하는 성공을 거두기도 했다.

지난 5년 동안 수많은 사람들과 소통을 통해 이 방식이 그들의 인생을 어떻게 변화시켰는지 알게 되었다. 사람들은 계속해서 내게 자신만의 원칙을 만들어낼 수 있도록 도와달라고 요청했고 그 결과 이 책을 쓰게 되었다.

이 책을 쓴 목적은 당신이 현실을 고민하고 효과적으로 대처하기 위한 자신만의 원칙을 수립할 수 있도록 도움을 주기 위해서다. 이 책이 일종의 개인적인 안식처로서, 현 상황에 대해 생각해보고 제대로 대처하기 위한 방안을 고민하는 곳이 되었으면 좋겠다. 그 과정에서 기록한 당신의 깨달음이 당신의 가장 소중한 재산이 되길 바란다. 분명 당신의 삶에 커다란 변화가 있을 것이다.

자, 시작해보자!

원칙의 기본

원칙이란 무엇인가?

원칙이란 삶에서 당신이 원하는 것을 얻기 위해 현실을 다루는 방법이다. 한번 원칙을 수립해놓으면 비슷한 상황이 닥쳤을 때 몇 번이고 이를 적용할 수 있다. 우리 모두는 피할 수 없는 수많은 상황에 매일매일 부딪힌다. 원칙이 없다면 매번 이런 상황이 발생할 때마다 마치 처음 겪는 것처럼 개별적이고 단독적으로 대응할 수밖에 없다. 하지만 이것들을 '또 다른 비슷한another one of those' 상황으로 간주하고 원칙을 수립해서 대응한다면 더 뛰어난 결정을 빨리 할 수 있게 되어 결국 편안한 삶을 영위할 수 있다.

어떤 일이 발생할 때마다(예를 들어 자녀 출산, 실직, 가정불화 등) 이를 기록하고 대응 방법을 적어 축적해놓아도 전부 합쳐 수백 개에 불과할 것이고 그중 특이한 것은 몇 개 되지 않을 것이다. 이 방법을 시도해보길 바란다. 그러면 내가 말하는 내용이 사실이라는 것을 알게 될 뿐 아니라 생각해야 하는 일들의 리스트와 원칙을 세워야 하는 일들의 리스트를 작성할 수 있게 될 것이다.

원칙이 필요한 이유

훌륭한 원칙을 가진 것은 성공 비결을 충분히 쌓아놓은 것과 같다. 성공한 사람들에게는 뛰어난 판단 규칙이 있어서 이를 잘 활용하며, 당신의 원칙은 자신이 만든 종교와 마찬가지 역할을 해서 매일매일을 살아나갈 수 있도록 한다.

자신의 원칙을 가져야 하는 이유

누구나 자신만의 가치관과 목표가 있듯이 원칙도 당신에게 맞는 것이어야 한다. 다른 사람의 원칙을 빌려왔어도 당신에게 맞아야 한다. 원칙을 완전히 믿고 자기 것으로 만들어 제2의 천성이 되어야 한다. 당신과 원칙이 하나가 되어 당신이 원칙이라고 부르는 것과 당신의 행동이 같아야 한다. 그럴듯하게 거창하고, 정치적으로 올바른 것처럼 들리지만 마음속으로는 믿지 않는 그런 원칙이 되어서는 안 된다.

원칙을 적어야 하는 이유

원칙을 적어 놓으면

1. 원칙에 대해 더 깊이 생각할 수 있다.

잠시 멈추어 당신에게 닥친 상황을 처리할 원칙에 대해 생각하고 이를 적어놓으면 향후 비슷한 상황에서 더 깊이 이것을 생각할 수 있고 그 수준이 높아진다.

2. 더 원칙적인 방식으로 생각할 수 있다.

원칙적인 사고란 더 높은 차원에서 현실을 직시해서 세상의 거의 모든 일들은 반복해서 발생한다는 점을 깨닫는 것이다. 이런 식으로 원칙을 생각하고 적는 과정을 반복하다 보면 관점이 바뀌고 자연스럽게 더 높은 수준에서 원칙적인 방식의 사고를 할 수 있다. 자신에게 닥치는 수많은 사건에 압도당하지 않고 '또 다른 비슷한' 사건으로 간주하게 될 수도 있다. 또한 자신을 더욱 객관적으로 바라볼 수 있게 되고, 그 상황에 빠져있는 자신을 더욱 명확하게 파악할 수 있으며 원인/결과 관계를 더 잘 이해하게 된다. 전에 알지 못했던 패턴이 보이게 되어 좋은 결과를 낳는 방향으로 행동이 바뀌게 된다. 예를 들어 나 자신이 고통스러운 현실에 부딪혔을 때 어떨 때는 잘 대응하지만 어떨 때는 제대로 대응하지 못하는 것을 보면서 **고통 + 성찰 = 발전**임을 깨닫게 되는 것이다. 반복적인 깨달음을 통해 진실이 내 것이 되고 고통스러운 상황에 자동으로 반응하게 되어 현실에 대해 더 많은 생각을 하고 더 잘 대응할 수 있게 된다. 높은 수준으로 올라갈수록 현실을 잘 이해하고 원하는 결과를 얻을 수 있으며 한때 엄청나게 복잡해 보이던 것도 단순해진다. 그렇게 되면 결국 현실에 더 잘 대처할 수 있고 성공적인 삶을 영위할 수 있다.

3. 다른 사람들과 의사소통이 더욱 원활해져서 상호이해도가 높아진다.

원칙을 적으면 상대방으로부터 배울 수 있으며 상대를 더 잘 이해하고 더 효과적으로 협력할 수 있게 된다. 이런 이유로 나는 모든 사람들이 원칙을 적어 놓았으면 한다. 알베르트 아인슈타인, 스티브 잡스, 윈스턴 처칠, 레오나르도 다빈치, 마틴 루터 킹 주니어 같은 사람들에게 영향을 미친 원칙이 무엇이었는지 알아내 그들이 추구하던 이상을 명확히 이해하고 다른 방식과 비교하고 싶다. 어떤 원칙이 내가 자신을 찍길 원하는 정치인들과 나에게 영향을 미치는 다른 모든 사람들에게 가장 중요한지 알고 싶다. 지금이야말로 우리 모두 원칙을 명확히 해야 할 때라고 생각한다. 가족의 일원으로, 지역사회 구성원으로, 국가로, 국제사회의 일원으로 우리를 묶는 공통의 원칙을 알고 싶다. 그런데 우리를 분열시키는 반대의 원칙도 있을까? 그 원칙은 도대체 무엇일까? 우리는 더 구체적으로 알아야 할 필요가 있다. 나는 내가 죽고 나서, 손자가 어느 정도 이해할 나이가 됐을 때 내가 적은 원칙을 줄 수 있어서 다행으로 생각한다. 최종적으로는 인터넷에 어떤 사이트를 구축하고 사람들이 여러 상황에 따라 원칙을 업로드하면 다른 사람들이 투표를 해서 각 상황별로 최선의 원칙을 선정할 수 있게 하고 싶다. 그러나 우선은 당신에게 맞는 훌륭한 원칙을 발견해서 그것을 **적을 수 있도록** 도움을 주고 싶다.

내 말이 너무 어렵게 느껴지거나 훌륭한 원칙을 개발하려면 할 일이 너무 많다고 생각할 수도 있는데 전혀 그렇지 않다. 해야 할 일은 단지 기록을 시작하고 그다음에 무슨 일이 발생하는지 지켜보는 것이다. 그러다 보면 어떤 방향을 발견할 수 있을 터인데 그렇다고 반드시 이를 받아들일 필요는 없다.

원칙

스스로 생각해서

1) 내가 원하는 게 무엇인지

2) 무엇이 진실인지

3) 2)의 관점에서 1)을 달성하기 위해

무엇을 해야 하는지를 결정하라...

...단 최선을 찾아내기 위해 최대한 겸손하고 개방적인 태도를 유지해야 한다.

이 책을 읽는 방법

이 책을 어떻게 이용하던 독자들의 마음이지만 나는 3가지 목표와 2가지 달성 방법을 염두에 두고 이 책을 썼다.

3가지 목표는

1. 세상이 어떻게 작동하는지에 대한 성찰과 현실에 맞게 대처하기 위한 원칙으로 당신의 경험을 더 좋게 바꾸도록 돕고

2. 당신의 원칙을 기록해서 비슷한 상황이 발생했을 때 참조하고, 다른 사람과 공유하며, 시간을 두고 수정할 수 있도록 하고

3. 원칙적인 사고를 습득하고 실천할 수 있도록 도와주기 위함이다.

목표를 달성하는 2가지 방법은

1. 모든 걸 다 뛰어넘고 120쪽부터 시작하는 방법이 있다.

사람들은 적을 수 있는 빈 공간이 보이면 생각을 하기 때문에 이 책은 중간중간의 힌트나 원칙 말고는 대부분 여백으로 이루어져 있다. 당신이 원하는 대로 활용하면 된다.

2. 앞부분의 연습부터 시작하는 방법도 있다.

이 자발적 연습은 자신만의 원칙을 만들어낼 수 있도록 도와준다. 나는 오랫동안 이 연습을 이용해서 사람들이 원칙적 사고를 가지도록 도와주었다. 지금 당장 하고 싶지 않으면 나중에 해도 된다.

연습

이 책에는 앞부분에 4개, 뒷부분에 1개의 연습이 있다. 연습을 해보면 많은 도움이 될 것이다. 연습을 통해 자신과 현실을 되돌아보고 더 원칙적이고 실용적인 방식으로 이에 대처하는 법을 알게 될 것이다. 세상의 모든 일에는 원칙이 있으며 현실은 영구운동기관처럼 작동한다는 걸 깨달으리라 생각한다. 자신을 알고 이 영구운동기관에서 자신의 역할을 알면 더 나은 결과를 얻을 수 있다. 1) 세상의 작동 방법을 알고 2) 자신과 자신이 원하는 것을 알고 3) 원하는 바를 얻을 수 있도록 도와주는 원칙이 있다면 현실에 더잘 적응해서 더 나은 결과를 도출할 수 있다.

연습1: 자신이 어떤 사람인지 생각해보자

물려받은 유전형질과 타고난 환경 덕분에 당신에게는 특유의 성격과 어떤 기호가 있을 것이며 이에 따라 자신에게 더 맞는 목표와 방향이 있게 마련이다. 자신의 성격을 알고 이를 가장 적절한방향과 일치시키면 최선의 결과를 얻을 수 있다. 그 과정에서 당신에게 가장 잘 맞는 원칙이 다른 사람에게는 안 맞을 수도 있다는점을 깨달을 것이다. 물론 모든 사람에게 맞는 원칙도 있기는 하다. '너 자신을 알라Know Thyself'와 '너 자신에게 진실해라To thine own self be true'는 시간이 흘러도 변치 않는 보편적인 원칙이다. 이번 연습은 이 원칙을 당신의 삶에 적용하기 위한 첫 단계다.

연습2: 현 상황에서 최선의 원칙으로 문제 해결하기

이 연습을 통해 a) 현 상황(즉 당신에게 닥친 상황)을 b) 여럿 중의 하나(즉 상황을 하나의 형태나 범주)로 구분해서 c) 상황에 맞는 원칙을 수립할 수 있다. 이 연습에는 원칙을 적을 수 있는 템플릿이 있다. 템플릿을 여러 번 이용하다 보면 자연스럽게 몸에 익히게 될 것이며 좀 더 원칙에 따르는 사고를 할 수 있게 된다. 또한 자신의 원칙을 적게 되어있는 부분에서는 내 책《원칙Principles》에서 볼 수 있던 여러 원칙과 이미지를 확인할 수 있을 것이다. SNS상에서 많은 사람들이 이것들이 큰 도움이 되었다고 내게 알려왔다. 하지만 이것들은 단지 생각할 거리를 제공하는 힌트에 불과하다. 가장 중요한 것은 당신이 겪은 것을 생각해보고 가장 잘 맞는 원칙을 기록하는 것이다.

연습3: 인생의 목표를 달성하기 위한 5단계 과정 마스터하기

성공에 매우 유용한 5단계 과정을 당신에게 전달하려 한다. 그 단계는 1) 목표를 설정하고, 2) 문제를 파악해서 방치하지 않으며, 3) 문제를 진단해서 근본 원인을 찾아내고, 4) 접근방법에 변화를 시도해서 문제를 줄이거나 없애고 최종적으로 5) 변화를 발생시킨다. 이 5단계를 반복해서 하다 보면 익숙해져서 점점 더 빨라질 것이고 더 발전할 것이다. 이 연습의 목적은 당신의 삶에 이 과정을 이용할 수 있도록 하기 위함이다. 그러기 위해 한 번에 하나씩 이

5단계를 알려줄 터이니 당신의 실제 경험에서 사례를 떠올려보기 바란다. 그다음 82~83쪽에 가면 여러 힌트를 찾을 수 있을 것이니 이를 이용해 미래의 목표를 향해 나아가기 바란다.

연습4: 가장 커다란 방해물 2가지를 극복하고 실수로부터 배워라

안타깝게도 실수는 교훈을 얻을 기회가 아니라 피해야 할 창피한 것으로 간주하는 경우가 많다. 내 삶과 경력을 돌아다보면 가장 큰 실수로부터 가장 많은 것을 배웠으며, 실수는 내가 무지했기 때문에 발생했다는 것을 느낀다. 다른 말로 하면 실수는 우리가 매일 겪는 2가지 장애물, 즉 우리의 자아Ego와 사각지대Blind Spot 때문에 발생한다. 이 방해물은 우리 두뇌가 어떻게 프로그램되어있느냐에 따라 달라지며 목표 달성에 커다란 장애물이 된다. 그나마 다행인 점은 소위 '극단적 개방성Radical Open-mindedness'으로 이를 극복할 수 있다는 것이다. 이 연습을 통해 자신의 자아와 약점에 대해 생각해보고 극단적인 개방성의 의미를 이해할 수 있다. 그리고 자신의 실수를 창피한 것이 아니라 무언가를 배울 수 있는 기회로 간주하도록 태도를 바꿀 수도 있다. 연습의 끝부분에 내가 브리지워터에서 만들었던 '이슈 로그Issue Log'를 기반으로 만든 템플릿을 첨부했다. 이슈 로그는 사람들이 실수를 드러내어 그로부터 배우고 발전할 수 있도록 도움을 주는 도구다.

연습5: 당신 자신과 당신이 사랑하는 사람들이 당신의 인생에서 어느 위치에 있는지를 찾아보자

앞에서도 언급했지만 나는 이 세상의 모든 일들은 거의 같은 원인으로 인해 반복해서 발생한다는 것을 깨달았다. 또한 대표적인 경우가 어떻게 전개되는지 그리고 그것의 원인과 결과는 무엇인지를 관찰하는 것이 상황을 제대로 이해하는 데 도움이 된다는 것도 깨달았다. 어떤 질병에 걸린 환자를 여럿 치료해 본 경험이 있는 의사가 그 질병에 대해 잘 알듯, 더욱 많은 경우를 접할수록 대표적인 사례를 더 잘 이해하고 각 경우 간의 차이가 발생하는 이유를 알 수 있다. 이는 다른 것과 마찬가지로 사람의 라이프 사이클에도 적용된다. 어떤 삶도 완전히 똑같지 않지만 중요 사건과 결정의 순간Decision Point은 유사하다. 이 책의 마지막 부분인 인생경로 연습Life Arc Exercise을 해보면 라이프 사이클상 당신의 현 위치와 당신이 사랑하는 사람들의 위치, 그리고 앞으로 닥칠 일에 대해 생각해 보고 더 잘 대처할 수 있을 것이다. 이 연습을 좋아하는 사람들이 많았으니 끝에 있다고 그냥 넘어가지 말기 바란다.

자신이 어떤 사람인지
생각해보자

1부

당신은 어떤 타입인가?

우리 모두는 상이한 특징을 가지고 있어서 능력, 가치관, 성향이 다르다. 이렇게 상이한 특징이 모여 당신을 구성하고 설명한다. 당신이 어떤 사람인지 더 잘 알수록 필요한 것을 얻기 위해 해야 할 일을 더 잘 할 수 있다.

다른 말로 하면 **당신의 성향**과 **당신의 경로**를 잘 조화시키는 것이 성공에 중요하다는 뜻이다. 옳은 경로는 언제나 존재하기 마련이다. 사실은 여러 개가 있다. 자신을 제대로 알고 경로를 찾으면 된다. 만약 다른 사람들과 함께하고 있다면, 다른 사람들이 경로를 찾는 데 도움을 줄 수도 있다.

회사를 설립하고 운영하면서 이런 사실을 알게 되었다. 사람들은 매우 다양하다. 이런 이유로 나는 심리학자, 정신과 의사, 신경 과학자, 인성 연구자 등과 많은 이야기를 해보았고 사람들의 상이한 사고방식에 관한 책을 많이 읽었다. 우리는 나면서부터 상식, 창조성, 기억력, 종합하는 능력, 꼼꼼함 등의 분야에 뛰어난 사람과 약한 사람이 있고 또는 후천적인 노력 여하에 따라 강한 사람과 약한 사람이 있다는 것을 알고 있다. 사람들은 - 심지어 과학자들조차 - 이 차이를 객관적인 지표로 평가하는 것을 별로 좋아하지 않는다. 그렇다고 해서 중요하지 않다는 뜻은 아니다. 그래서 나는 수십 년간 계속해서 이를 탐구했고 그 결과 많은 것을 배웠으며 여러분에게도 커다란 도움이 될 거라고 생각한다. (내가 배운 것을 졸저《원칙》중 '사람들의 뇌는 서로 다르게 작동한다는 것을 이해하라'라는 장에 자세히 설명해 놓았다.)

이를 통해 인성평가Personality Profile Assessment가 사람들의 다양한 생각을 파악하고 자신과 다른 사람을 이해하는 데 도움이 된다는 것을 알았다. 이를 잘 이용하면 직장에 잘 적응하고 사내 인간관계가 좋아지기 때문에 삶이 풍요로워진다. 하지만 많은 평가 툴을 이용해보아도 모든 것을 다 만족시켜주는 것은 없었으며, 내가 회사를 운영하면서 꼭 필요하다고 느낀 특성까지 찾아주는 평가도 없었다. 그래서 모든 사람들이 무료로 사용할 수 있는 범용 평가 툴이 필요하다고 생각했다. 나는 심리학 박사인 아담 그랜트, 브라이언 리틀, 존 골든 등의 도움을 얻어 가장 널리 쓰이는 빅5 성격테스트를 활용한 PrinciplesYou 검사를 만들었다. 이 평가시스템은 100만 명 이상의 사람들이 사용했고 매우 효과가 있다고 평가되고 있다.

이 검사의 소요 시간은 2~30분이며 자신과 다른 사람의 본성과 그 관계를 이해하고 대처하는 데 커다란 도움이 된다. 조직을 운영하고 있다면 PrinciplesUs도 있으니 이를 활용해 조직의 역학관계를 파악하기 바란다.

검사는 principlesyou.com에서 진행할 수 있다. 아쉽게도 한국어가 지원되지 않아 영어로 검사를 진행하고 결과를 받아야 한다. 하지만 이 책을 좀 더 효과적으로 활용하고 싶다면 한번 검사해보는 것이 좋다. 영어가 부담스럽다면, 해당 사이트에 들어가서 마우스 오른쪽 버튼을 눌렀을 때 뜨는 구글의 '한국어(으)로 번역' 기능을 이용하면 좋다. 완벽하게 번역되지는 않지만 분명 도움이 될 거다.

검사 결과가 나오면 프린트해서 다음 페이지에 붙여보자.

검사 결과를 통해 당신을 이해할 수 있을
뿐 아니라 만일 그 결과를 공유한다면 다
른 사람들이 당신을 이해하는 데도 도움
을 줄 수 있다. 혹시나 더 좋은 인성 평가
툴이 있다면 이를 이용해서 그 결과를 프
린트하거나 적어 놓길 바란다. 그러나 이
부분의 연습을 생략하고 그다음에 오는
생각에 대한 질문Reflection Question 항목으로
바로 가도 된다. 물론 인성 검사는 당신의
취향을 알려주는 단편적인 정보에 지나지
않는다. 따라서 그 결과가 진실인지 그리
고 그를 바탕으로 무엇을 할지는 전적으
로 당신의 결정에 달려있다.

테스트 여부와 상관없이 자신의 강점과 약점을 정확히 아는 것은 매우 중요하다. 아래의 질문으로 이를 알아보자.

자신이 생각하는 내가 가진 강점을 3가지 적어보자. 다른 사람은 당신의 강점 3가지가 무엇이라고 하는가?

자신이 생각하는 내가 가진 가장 큰 약점을 3가지 적어보자. 다른 사람은 당신의 약점 3가지가 무엇이라고 하는가?

우리는 성공하기 위해서 노력하지만, 그 과정에서 고통을 주고 방해하는 문제와 부딪히게 마련이다. 대다수의 사람들은 이런 서너 개의 문제 때문에 인생이 바뀐다. 즉 그 문제를 극복하면 훨씬 나아진다는 뜻이다. 또한 가장 큰 문제를 이겨내면 삶이 근본적으로 바뀌기도 한다. 그러니 당신의 문제에 대해 아주 진지하게 고민해보기 바란다.

당신에게 '가장 큰 문제'는 무엇인가?

이 원칙은 자신과 자신을 파악하는 방법에 대해 생각해 볼 기회를 준다.

원칙

성공한 사람들은 자신을 초월해서 객관적으로 사물을 보고 원하는 것을 얻기 위해 사물과 상호 소통하는 방법을 안다.

이들에게는 자신의 아집에 빠지지 않고 다른 사람의 관점에서 볼 수 있는 능력이 있다. 자신을 객관적으로 볼 수 있고, 다른 사람들도 객관적으로 평가해서 적재적소에 인재를 배치할 수 있다. 이를 이해하게 되면 사실상 이루지 못 할 일이 없다는 사실을 알게 될 것이다. 자신의 힘보다 훨씬 거대한 힘을 느끼고 이용할 수 있기 때문이다. 현실에 맞닥뜨려 본인의 가용자원을 최대한 이용하기만 하면 된다. 자신의 약점을 찾아보되 그것 때문에 화낼 필요는 없다. 이를 이용해 원하는 바를 얻을 수 있으니 약점을 찾은 것을 다행으로 여겨라. 모든 걸 자신이 직접 할 수 없다는

것 때문에 화가 난다면 당신은 아주 순진
한 사람이다. 어떤 사람도 모든 걸 다 잘
할 수 없다는 것을 아직 깨닫지 못했으니
말이다.

원칙

성공한 사람들의 실패에 대해 생각해보라.

사람들은 대부분의 분야에서 실패하며, 모든 걸 잘하는 사람은 없다. 이를 생각해보라. 농구팀에 아인슈타인을 넣고 싶은가? 드리블이나 슛을 잘 못 한다고 해서 그를 탐탁지 않게 생각할까? 농구를 못한다고 아인슈타인이 열등감을 느낄까? 그가 미숙했던 모든 분야를 생각해보자. 그리고 그가 최고로 잘하던 분야에서 얼마나 노력했는지 상상해보라. 아인슈타인이 약한 분야에서 다른 뛰어났던 사람들에게 얼마나 의지했는지 생각해보라.

자신이나 다른 사람이 힘들게 노력하는 것을 보면 동정, 연민, 당혹감, 분노 또는 방어적 태도 같이 자존감과 연관된 감정을 가진다. 그러나 그런 감정을 극복하고 부정적인 관점으로 보기를 멈추어야 한다. 우리들 대부분은 이런 노력에서 기회를 얻는다. 이 문제를 잘 활용해서 창의력

과 인격을 테스트하는 기회로 삼을지 여
부는 당신에게 달려있다.

원칙

마음을 활짝 열고 굳건한 태도를 견지하면 하지 못할 일은 없다.

당신의 삶의 질은 당신이 하는 결정의 질에 좌우된다. 자기 혼자만의 생각이 최선이라고 생각하지 말자. 마음을 열고 그 누구의 생각이든 최선의 생각을 받아들이면 가장 좋은 결정을 할 수 있다.

2부
당신은 무엇을 중요하게 생각하는가?

이제 당신이 가장 소중히 여기는 것들을 생각해보자. 그렇게 함으로써 목표를 명확히 하고 최고의 원칙을 수립하자.

가치관은 당신의 행동에 동기를 부여하고 다른 사람과의 조화를 결정하는 뿌리 깊은 믿음이다. 나는 내 경험 및 심리학자와의 대화를 통해 다음과 같은 것들을 깨달았다. 즉 사람들의 욕망은 a) 타고난 성격 때문에, b) 깊은 곳에 내재한 무의식적 욕구 충족을 위해 생긴다는 것이다. 이 욕구는 타고난 본성과 (기억을 못하더라도) 경험했던 일을 통해 형성된다.

나는 비록 당신의 동기가 어디서 나오는지 알려줄 만큼 전문가는 아니지만 원하는 것을 얻는 데 꼭 필요한 자신의 가치관과 원칙을 정의하도록 도와줄 수는 있다. 그 목표를 달성하기 위해서 자신에게 우선 다음 페이지의 질문을 해보기 바란다.

당신에게 가장 중요한 가치는 무엇인가? 3개까지 선택해 보라.

만일 가장 중요한 가치가 리스트에 없다면 아래 공란에 적어도 된다.

- ○ 인정/사랑받기
- ○ 도덕적인 우월
- ○ 새로운 것의 창조
- ○ 다른 사람 돕기
- ○ 배우고/발전하기
- ○ 전 세계에 영향력 미치기
- ○ 사회생활 목표 달성하기
- ○ 단순한 즐거움을 만끽하는 평온한 삶
- ○ 재테크 성공
- ○ 세상을 이해하기
- ○ 즐거움과 모험이 가득한 삶
- ○ 친구와 좋은 관계 유지하기
- ○ 가족의 번창
- ○
- ○
- ○

이 항목들은 당신의 **중요한 가치관**으로서 당신을 앞으로 나아가게 하고 목표를 결정하게 한다. 당신은 늘 이 가치관과 함께하며 이것들은 당신이 선천적으로 추구하는 가치에 영향을 준다.

당신에게 덜 중요한 가치는 무엇인가?

(중요하지 않은 게 아니라 단지 덜 중요한 가치를 말한다.)

- ○ 인정/사랑받기
- ○ 도덕적인 우월
- ○ 새로운 것의 창조
- ○ 다른 사람 돕기
- ○ 배우고/발전하기
- ○ 전 세계에 영향력 미치기
- ○ 사회생활 목표 달성하기
- ○ 단순한 즐거움을 만끽하는 평온한 삶
- ○ 재테크 성공
- ○ 세상을 이해하기
- ○ 즐거움과 모험이 가득한 삶
- ○ 친구와 좋은 관계 유지하기
- ○ 가족의 번창
- ○
- ○
- ○

이 항목은 당신에게 내재한 **가치관**을 보여준다. 이 가치관들은 당신에게 의미는 있지만 덜 중요하다. 따라서 당신이 우선순위를 세울 때 도움이 된다.

PrinciplesYou를 했다면 이 결과와 그 검사에서 나타난 3개의 유형과 비교해보자.

아래 여백에 그 가치관과 유형을 적고 그 결과가 당신의 타고난 성향과 일치하는지 점검해보라.

아직 테스트를 하지 않았다면 시간을 내서 이 가치관이 당신에게 어떤 식으로 영향을 미치는지 생각해보길 바란다.

주요한 가치관들 중에서 당신의 인생에서 가장 큰 영향을 미친 항목이 무엇이었는지 생각해보자(즉, 당신에게 동기를 부여하는 가치관).

자신이 무언가를 원하면서도 무엇 때문에 그것을 원하는지 깨닫지 못하는 경우가 많다. 그저 단순하게 '나는 ○○이 되고 싶다'라고 생각하는 게 전부다. 그러나 무엇 때문에 당신이 그런 성향을 갖게 됐는지 파악해야 한다. 예를 들어 네이비실 대원이 된 것에 자부심을 갖고 있는 군인에게는 국가를 지키겠다는 사명감, 대의 명분을 추구한다는 의무감, 그리고/또는 위험에 맞서는 모험심 같은 것들이 있을 것이다. 이런 성향은 그들이 발견하기 전부터 존재했었지만 이를 추구하면서 행복과 성공을 동시에 얻게 된 것이다.

어떤 타입의 성향에 끌리는지 생각해보고 여기에 그것들을 적어보자.

원칙은 본성과 현실을 조화시키는 실용적인 방법을 알려줄 것이다. 가장 중요한 것은 가치관과 일치하는 행동을 하는 것이다. 예를 들어 배우고 발전하기를 중요하게 생각한다면 실수했을 때 이를 적극적으로 반성하는 것을 당신의 원칙 중 하나로 삼아야 한다. 그렇게 해야 배우고 발전할 수 있기 때문이다.

가치관	행동
배우고 발전하기	현명하게 실수에 대처하고 반성하기

처음부터 세심하게 계획된 원칙을 수립할 필요는 없다. 대부분의 사람들도 그렇게 하지 못한다. 그러나 우리 모두는 자신만의 가치관과 원칙을 가지고 있고, 그것이 우리들의 말과 행동에 나타나게 마련이다. 그러므로 이런 가치관을 명확히 하지 않고는 당신의 결심과 세계관을 평가하기 어렵다. 당신이 얼마나 구체적으로 원칙을 알고 있는지 한번 알아보자.

구체적이든 아니든 당신 삶의 중심이 되는 원칙이 있는가?
있다면 그 원칙 중 서너 개만 적어보자.

아래 리스트 중 당신의 원칙에 가장 큰 영향을 미친 항목은 무엇인가?

○ 개인적인 경험
○ 문화와 민족성
○ 친구
○ 종교
○ 가족
○ 미디어(영화, TV, 라디오, 도서, 인터넷 등)
○ 교육
○ 존경하는 사람
○
○
○
○
○

이 질문에 답하기 전에 당신이 나열한 원칙을 이미 마음속에 품고 있었는가? 아니면 적어보라고 하니 생각이 난 것인가?

이 첫 번째 연습의 목표는 중요하면서 지속적인 원칙을 생각해보는 기회를 갖는 것이다. 이 책을 따라 여백을 계속 채워가다 보면 이 원칙에 대해 다시 생각해서 더 정교하게 만들거나 그 범위를 확장해야 할 필요성을 느낄 수도 있다.

이세 당신이 현실과 어떻게 상호작용하는지를 알아볼 것이다. 당신의 성향과 당신이 매일 부딪히는 현실을 조합하면 성공에 필요한 원칙을 도출해낼 수 있다.

현재 닥친 문제를
처리하기 위한
최선의 원칙을 도출하는 방법

이 세상의 모든 일들은 오랜 시간에 걸쳐 반복되고 발전해온 원인/결과에 의해 발생하기 때문에 원칙적인 사고를 동원하면 거의 모든 '현재 닥친 문제'는 단지 '또 다른 비슷한 문제'에 불과하다는 것을 알 수 있다. 따라서 그것이 어떤 '유형'인지 파악하고 세심하게 계획된 원칙을 적용하면 당신이 원하는 것 이상을 얻을 수 있을 것이다. 이런 방식을 '원칙적인 사고Principled Thinking'라고 한다. 이는 일반적 사고와는 다르다. 예를 들어 어떤 결정을 해야 할 때 단순히 결정에서 끝나는 것이 아니고 그것이 어떤 형태의 결정이며 이와 가장 연관된 원칙은 무엇인가를 생각한다는 측면에서 일반적 사고와는 다르다.

이런 식으로 연습을 하면 각기 상이한 상황에서의 대응 방식이 개선되고 내려야 할 결정의 수가 (내 계산으로는 약 10만분의 1로) 줄어든다. 각각 독특한 문제가 아니라 어떤 '유형'의 문제인지에 따라 처리하는 규칙이 있기 때문이다. 마치 생물학자가 정글을 탐험하다 어떤 생물을 만나면 그것이 어떤 생물인지 고민하고 그런

종류의 생물을 처리하는 원칙을 생각하듯
당신도 마찬가지로 생각하기 때문이다.
이런 방식에 익숙해지면 더 빨리 본능적
으로 대처할 수 있게 된다.

이를 잘하는 요령은

1. 결정에 필요한 원칙을 생각할 수 있는
   여유를 갖는다.

2. 이런 종류의 문제에 대처하는 원칙을
   적어 본다. 지금 막 새로운 원칙을 수
   립했어도 상관없다.

3. 다음에도 '이런 유형의 문제'가 발생
   하면 이 원칙을 적용해서 제대로 작
   동하는지 보라. 이 원칙의 작용방식
   을 생각해보고 또 다른 '이런 유형의
   문제'가 발생하기 전에 이를 잘 다듬
   어라.

현재 발생 중인 문제로부터 원칙을 도출하는 방법을 알려주기 위해 간단한 템플릿을 만들었다. 그리고 실제 사례에 적용해 보았다.

현재 닥친 문제

무슨 일이 발생했나? 발생한 일을 최대한 상세히 적어 본다.

내게 발생한 일: 1982년에 투자를 잘못해서 파산한 적이 있다. 브리지워터의 모든 직원들을 해고하고 아버지로부터 4천 달러를 빌려 부채를 갚았다.

그 문제는 어떤 종류의 '또 다른 비슷한 문제'였나?

정신을 차리고 자신에게 물어보자. 그 문제는 어떤 유형 또는 종류에 속하는가?

내 문제의 유형은 지나친 자신감에 빠져 잘못된 판단을 한 것이다. 나는 자신이 맞다고 생각하는 것에 너무 많은 투자를 해서 피해를 입었다.

당신이 적용한 원칙과 그 원칙을 적용한 방식

이런 형태의 문제에 대응하기 위해 기존에 수립해놓은 원칙이 있는가? 이 원칙이 다른 원칙과 모순되지는 않는가?

당시에 나는 이런 상황에 대처하기 위한 그 어떤 원칙도 없었다.

성찰

이 경험으로 무엇을 배웠는가?

나는 고수익에는 항상 고위험이 존재하는데도 자신을 너무 믿은 나머지, 단 한 번의 투자 실수로 이전에 벌어들인 수익을 전부 까먹었다. 당시에 나는 인생의 한 방을 위해서 위험한 정글을 건너야 한다고 생각했다. 현실에 안주해서 안전한 삶을 살 수도 있지만 정글을 건너는 모험을 해서 멋진 삶을 살 수도 있다. (잠깐 멈추고 생각해보기 바란다. 당신은 어떤 선택을 하겠는가?) 이는 우리가 살면서 어떤 형태로든 해야 하는 선택이다. 나는 멋진 삶을 선택했다. 따라서 어떻게 하면 망하지 않고 좋은 결과를 얻느냐가 중요했다. 여기까지 생각이 미치자 새로운 원칙이 생겼다.

새로운 원칙

당신의 반성과 연결하여, 미래에 '또 다른 비슷한 문제'가 발생한다면 어떤 새로운 원칙으로 대응할 것인가?

실패로 인한 고통을 줄이고 좋은 결과를 도출하기 위해서 1) 나와 의견이 다르지만 매우 뛰어난 사람들의 의견을 청취해서 내 생각을 테스트하고 혹시 놓친 것이 있는지 점검한다. 2) 충분히 다각화한다.

되돌아보면 매우 고통스러웠던 이 '사고'는 내게 커다란 행운이었다. 실패로부터 배우는 이런 과정을 통해 원칙을 세울 수 있었기 때문이다. 겸손을 배워 무모함과 균형을 이루었고, 원칙을 배워 그 뒤의 성공을 이룰 수 있었다. '내가 맞다'는 생각에서 '내가 맞다는 걸 어떻게 알지?'라고 자문하면서 실패를 두려워하게 되었다. 독자적인 사고를 가진 사람들의 생각을 통해 내 사고를 테스트할 수 있었고, 투자의 승률을 높였으며, 연관이 없는 옵션들을 조합하여 위험을 분산할 수 있었다.

이 사고는 내가 가장 중요하게 생각하는 원칙 중 하나를 발견하게 되는 계기가 된다. 그것은 고통 + 성찰 = 발전이다.

다음 페이지에 여백을 채워보자. 이를 이용해 과거를 생각해보되 너무 후회하지 말았으면 좋겠다. 과거는 이미 흘러갔고 우리는 미래를 위한 교훈을 찾고 있으니까. 과거에 비슷한 사건들이 어떤 영향을 미쳤는지 생각해보고 그로부터 어떤 교훈을 얻었는지 고민하길 바란다. 또한 유사한 사건을 겪었지만 잘 대처한 사람들로부터 조언을 구하기 바란다. 어떤 사건이 당신에게만 최초로 발생했을 확률은 매우 낮으므로 누군가 이미 당신보다 훨씬 좋은 해결 방법을 가지고 있게 마련이다.

현재 닥친 문제

그 문제는 어떤 종류의 '또 다른 비슷한 문제'였나?

당신이 적용한 원칙과 그 원칙을 적용한 방식

성찰

새로운 원칙

내가 가진 가장 기본적인 원칙

이 페이지에 당신에게 가장 중요한 원칙들을 적어 놓아 한번에 참
조할 수 있도록 하라.

다른 사람들로부터 배우는 위대한 원칙

이 페이지에 다른 사람들로부터 배운 원칙들을 기록해서 나중에
이용하라.

인생의 목표를 달성하기 위한
5단계 과정 마스터하기

훌륭한 원칙을 수립해서 사용하는 것은 당신의 인생에서 매우 소중하다. 하다 보면 계속 발전하게 되어있다. 아래의 요약된 5가지를 잘 할 수 있으면 반드시 성공할 것이다.

1. **목표**를 명확히 설정하라.

2. **문제**를 파악하고 그것이 당신의 목표 달성에 방해가 되도록 방치하지 마라.

3. 정확히 **진단**하고 문제의 근원을 찾아라.

4. 문제를 해결하기 위한 계획을 **수립**하라.

5. 계획을 끝까지 실천하기 위해 필요한 대책을 **추진**하라.

이 5단계가 모여 아래에 보이는 것과 같은 진화의 고리Evolutionary Loop를 만든다. 각 단계를 더 자세히 살펴보자. 우선 당신이 추구하는 것, 즉 목표를 선정해야 한다. 이 목표에 따라 방향이 달라진다. 그리고 선정한 목표를 향해 전진하다 보면 문제가 생긴다. 문제는 당신의 약점을 파고든다. 이때 어떻게 반응하느냐는 당신에게 달려있다. 목표를 달성하고 싶다면 차분하고 냉정하게 대응해서 문제를 정확히 진단하고 극복할 수 있는 대책을 수립하고 추진해야 한다. 그러면 어떤 결과가 나올 것이고 이에 따라 이 과정을 다시 추진해야 한다. 좀 더 빨리 성공하고 싶다면 이 과정을 신속하고 지속적으로 추진해서 목표를 높여가야 한다.

5단계 진화의 고리

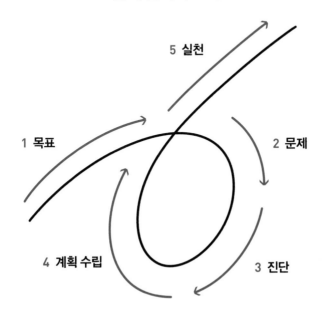

이 5단계를 모두 잘 실천하되 한 번에 하나씩 순서대로 해야 한다.

예를 들면 목표를 설정할 때는 목표만 설정하라는 뜻이다. 달성 방법이나 문제 발생 시 대책 같은 것은 생각하지 마라. 문제를 진단할 때는 어떻게 문제를 풀 것인가를 생각하지 말고 오로지 진단에 집중해야 한다. 단계별 구분이 흐려지면 진짜 문제를 찾지 못하기 때문에 이상한 대책이 나올 수 있다. 이 과정은 반복된다. 각 단계를 끝까지 밟아야 다음 단계로 넘어가서 잘 대응할 수 있다.

이 과정을 거칠 때는 냉철하고 합리적으로, 자신을 객관적으로 보아야 하며 잔인할 정도로 정직해야 한다. 감정에 흔들린다고 느끼면 한발 물러서서 냉철해질 때까지 기다려라. 그러나 이 모든 걸 혼자 감당할 필요는 없다. 차분하고 사려 깊은 사람들에게 조언을 구하라. 집중을 유지하기 위해 인생은 과제를 수행해야 하는 무술이나 게임이라고 생각해라. 이 가정

을 받아들이면 계속되는 실패도 받아들일
수 있을 것이다.

모든 걸 완벽하게 할 수는 없다. 실패는
필연적이니 이를 인정하고 받아들이는 것
이 중요하다. 다행인 점은 실패로부터도
무언가를 배울 수 있다는 것이다. 따라서
우리는 계속해서 배울 수 있다. '그거 쉽
지 않아요'나 '이건 공평하지 않아요' 또
는 '불가능해요' 같은 변명은 아무런 효과
가 없으며 끝까지 해보면 무언가 얻는다
는 걸 깨달을 것이다.

성공하기 위해 필요한 기술이 없으면 어
떻게 해야 할까? 크게 걱정할 필요가 없
다. 대부분의 사람들도 마찬가지니까. 언
제 필요한지 그리고 어디에서 구해야 하
는지만 알면 된다. 계속 연습하다 보면 어
려운 상황에도 불구하고 침착하게 집중력
을 유지하며 인생이란 게임을 플레이하는
수준에 도달할 것이다. 그러다 당신이 원
하는 것을 얻게 되면 정말로 신날 것이다.

5단계를 당신의 목표에 적용하는 연습을 해

보기 바란다.

1단계: 명확한 목표 설정하기

목표를 잘 설정한다고 생각하는가?

매우
못한다   보통이다   매우
                                                잘한다

정확하게 목표를 설정한다고 생각하는가?

전혀
그렇지 않다   그렇다   매우
                                                그렇다

보통 우리는 동시에 여러 개의 목표를 추구한다. 높은 수준의 목표도 있고 낮은 수준도 있으며 일상적인 목표도 있다. 이때 모든 목표의 수준이 맞고 일관성이 있으면 좋다. 우선 이번 연습에서는 단 1개의 목표만 설정한다. 그러기 위해서 자신이 가장 소중하게 생각하는 가치관과 원동력 또는 동기를 생각해보라. 그 목표가 크든 작든 상관없다. 자신의 가치관과 일치해야 하고 최대한 구체적이어야 한다. 예를 들어 '이 세상을 변화시키기'보다는 '선생님 되기'가 이번 연습에 더 적당하다.

여백에 선정한 목표를 적어보자.

팁:

- 목표를 달성하기 위해 다른 목표를 뒤로 보내고 우선순위를 정해야 한다.

- '목표Goals'와 '갈망Desires'을 혼동해서는 안 된다. 목표는 이성적으로 원하는 것이다. 감정적으로 원하는 것과 같으면 금상첨화다. 만약 목표 달성에 방해가 되는 한이 있더라도 원한다면 그건 갈망이다. 예를 들어 육체적인 건강은 목표가 될 수 있다. 그러나 목표 달성에 방해가 되더라도 맛있지만 몸에 해로운 음식을 먹고 싶다면 그건 갈망이라고 할 수 있다.

- 달성할 수 있다고 생각되는 것으로 목표를 한정하지 마라. 아직 제대로 분석해보지 않은 상상 속의 방해물 때문에 목표의 범위를 제한해서는 안 된다.

2단계: 문제를 찾아내고 방치하지 마라

목표를 추진하다 보면 방해물, 즉 문제가 발생할 것이다.

목표 달성을 방해하는 문제 중 자주 발생하는 문제를 파악하라.

그 문제를 적어보자.

그 문제를 참고 넘어가는가?

전체적으로 문제를 파악하는데 뛰어나다고 생각하는가?

전혀 뛰어나지 않다　　　　　보통이다　　　　　매우 뛰어나다

변화를 일으켜 문제를 없애거나 줄이는데 뛰어난가?

전혀 뛰어나지 않다　　　　　보통이다　　　　　매우 뛰어나다

팁:

● 우선 문제(또는 차선의 결과)를 파악하라. 원인을 생각하지 말고 단순히 있는 그대로의 문제를 찾아라.

● 집중력을 유지하면서 논리적이어야 하고 문제를 정확히 구체화해야 한다. 예를 들어 '사람들이 나를 안 좋아해'라고 말하는 대신 어떤 사람들이 어떤 상황에서 당신을 안 좋아하는지를 구체적으로 표현하는 게 좋다.

● 문제에 적극적으로 대처해서 '끓는 물 속의 개구리 신드롬Frog in the Boiling Water Syndrome'을 예방해야 한다. 사람들은 갑자기 새로운 환경에 처하면 충격을 받지만 받아들이기 어렵더라도 천천히 진행되는 변화에는 곧잘 적응한다.

3단계: 문제의 근원까지 진단하라

앞 단계에서 기록한 목표와 문제를 곰곰이 생각해보라. 그리고 배후에 존재하는 문제의 근원을 찾아내야 한다. 일반적으로 문제는 어떤 사람이나 사물이 제 역할을 못하기 때문에 발생한다. 어떤 사람에는 물론 당신도 포함된다.

문제의 근원을 제대로 파악하기 위해 아래의 질문에 답해보자.

어떤 안 좋은 결과가 나왔나?

누가 그 결과를 책임져야 하나(즉, 책임져야 할 집단이나 책임자)?

무능해서인가 아니면 대책이 잘못되어서인가?

이 3개의 질문을 잘 생각해보아야 한다. 큰 그림을 보고 불필요한 디테일에 집착해서는 안 된다. 만일 결과에 대해서 납득이 안 가거나 책임자가 누군지 잘 모르겠다면 3단계를 진행하는 데 문제가 있을 것이다.

다음은 이 3개의 질문에 대해 답을 하기 위한 가이드로, 몇 개의 간단한 질문이 있다. 이 질문들은 원래 직장이나 조직에서 활용할 목적으로 고안되었다. 직장은 다른 곳보다 역할, 책임 및 업무수

행방식이 상당 부분 규범화되어 있기 때문이다. 하지만 이 질문은 직장 바깥에서의 문제를 진단하는 팁으로도 사용될 수 있다. 개인적인 목표 달성과 관련된 문제라면 앞에 제시한 3번째 질문에만 답하면 된다. 안 좋은 결과가 당신과 관련되었는가(즉, 당신의 능력 부족 때문인가)? 당신이 세운 계획/대책이 잘못된 것인가?

이 가이드를 참조할 때 반드시 그대로 하거나 양식을 따라 할 필요는 없다. 처한 상황에 따라 질문을 빨리 훑어볼 수도 있고 때로는 더 자세히 다른 질문을 해야 할 필요도 있다.

일이 제대로 진행되었는가?

Yes! 그렇다면 문제는 책임 집단이 미리 보지 못한 예상 밖의 요소 때문에 발생한 것이다.

항상 예상 밖의 결과가 나와 계획을 변경해야 할 때가 있다.

No! 그렇지 않았다면, 무엇이 제대로 되지 않았는가?

이것이 소위 '근접원인Proximate Cause'이다. 일이 어떻게 진행돼야 하는지를 명확히 마음속에 그리고 있다면, 이 단계는 쉽게 넘어갈 수 있다. 또한 예/아니오만으로도 대답할 수 있다. 심상지도Mental Map상의 주요 요소를 상기하면 되기 때문이다.

왜 계획대로 진행되지 않았는가?

여기서 책임자의 능력이 부족했는지 아니면 계획이 잘못되었는지를 결정하기 위해 문제의 근원을 종합적으로 판단해야 한다. 디테일에 매몰되지 않고 큰 그림을 보기 위해 말이다.

● 실패를 5단계 프로세스와 연동시켜보라. 어떤 단계가 잘 진행되지 않았나? 모든 것은 이 5단계 안에 포함된다.

● 그러나 더 구체적으로 따져볼 필요가 있으니 실패를 주요한 속성 또는 일련의 속성으로 명확히 정리할 필요가 있다. '예/아니오'로 답해보라. 책임자가 대처를 잘하지 못했나? 문제를 제대로 인식하지 못했나? 아니면 제대로 대응하지 못했나?

● 자신에게 물어보자. 만일 문제의 속성이 잘 해결되었다면 다음번에도 똑같이 안 좋은 결과가 나올까? 이 방식은 문제와 대응 결과를 논리적으로 연결하는 방법 중에 하나다. 이렇게 생각해보라. 차의 부품을 교체하면 문제가 해결될까?

● 만일 문제의 근원이 잘못된 계획 때문이라면 거기서 멈추지 말고 그 계획을 누가 수립했는지 그리고 그 사람이 수립할 능력이 있는 사람인지 물어보라.

문제의 근본 원인에 반복적인 패턴이 있는가?

문제는 보통 일회성 결함 또는 반복해서 나타나는 증상 중 하나다. 그러므로 어떤 것인지 파악할 필요가 있다.

그 결과 사람/조직은 어떤 방향으로 진화해야 하는가?

필요에 따라 단기적 문제해결 방식을 먼저 조치하라. 그리고 장기적인 해결을 위해 어떤 단계를 밟을 것인지 결정하고 이를 이행할 책임자를 결정하라.

- 분배 및 재분배, 또는 명확히 해야 할 책임이 있는가?

- 계획을 수정할 필요가 있는가?

그 누구도 자신이나 다른 사람을 완전히 객관적으로 볼 수는 없다. 그렇다고 하더라도 객관적인 관점을 가지려는 시도는 해야 문제의 근본 원인을 파악할 수 있다. 이는 목표 달성에도 필수적이다.

아무리 어려워도 자신이나 다른 사람을 객관적으로 평가할 준비가 되어 있는가? 함께 일하는 사람에게 어려운 질문을 던지고, 감정적인 반응으로 이어지더라도 불편한 점을 토론하고, 괴로운 피드백을 유도하며 얼마나 기꺼이 '예민한 부분을 건들이기Touch the Nerve'를 할 것인가?

자신과 다른 사람을 객관적으로 보는 데서 오는 고통은 인간적인 성숙을 가져다주기 때문에 '성장통Growing Pains'으로 생각하면 된다.

고통이 없으면 얻는 것도 없다 No pain, no gain.

팁:

- 문제의 근본 원인과 근접 원인을 구분해야 한다. 근접 원인이란 문제를 일으키는 행동이나 아니면 아예 행동 자체가 부족한 것으로 주로 동사로 표현된다. 근본 원인은 근접 원인의 바탕이 되는 원인으로 주로 형용사로 표현된다. 예를 들면 '내가 경솔해서 X를 하지 못했다' 같은 식이다.

- 근본 원인은 행동이 아니라 이유임을 명심해야 한다. 이를 확인하는 방법은 계속해서 '왜'라는 질문을 던지는 것이다.

문제의 근본 원인을 얼마나 잘 찾아내는가?

| 매우 | | 보통이다 | | 매우 |
| 못한다 | | | | 잘한다 |

문제의 근본 원인을 정확히 찾아내는 능력이 있다고 생각하는가?

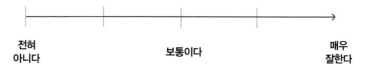

| 전혀 | | 보통이다 | | 매우 |
| 아니다 | | | | 잘한다 |

이제 문제의 근본 원인을 찾아냈으므로 문제해결을 위한 광범위한 계획을 수립해보자.

4단계: 문제해결 또는 감소를 위한 계획 수립

이 단계에서는 전 단계에서 찾아낸 문제의 근본 원인을 해결할 계획을 수립할 것이다.

잠시 뒤로 가서 앞의 3단계(목표 설정, 문제 파악, 근본 원인 진단)에 대한 당신의 답을 다시 한번 검토해보라. 어떻게 하면 근본 원인을 파악할 방법을 찾아낼 것인가 고민해야 한다.

지금 이 초기 단계에서는 대략적인 계획만 수립하기 바란다. 단, 근본 원인에 대한 해결방안이 들어 있어야 한다.

아래에 간단히 계획을 적어보자. 더 자세한 계획은 다음 단계에서 적으면 된다.

이제 세부적인 계획과 일정을 추가해서 디테일한 계획을 수립해보자. 구체적일수록 좋다.

계획을 세우고 해야 할 일들의 리스트를 만드는데 너무 치밀할 필요 없다. 부족한 부분은 다른 사람들에게 도움을 구해보자. 시간을 내서 사려 깊은 계획을 수립하고 진단에서 실행으로 바로 넘어가지만 않는다면 전혀 문제가 없다.

팁:

- 처음에는 큰 계획(예를 들어 석사학위 취득)을 수립한 뒤 세부 계획과 시간을 더해 구체화한다(예를 들면 가고 싶은 대학원 리스트와 지원 자격 및 접수 기한을 향후 2주간에 걸쳐 작성).
- 영화 대본을 쓴다고 상상하며 누가 어떤 일을 할지를 시각화해서 계획을 수립하라. 이때 서로 연관된 계획의 실행 일정도 고려해야 한다.
- 계획은 반복되는 과정이다. 나쁜 '지금'과 좋은 '그때' 사이에는 '조정'기간이 있다. 조정 기간에는 다른 사람들과 여러 다른 실행안을 반복해서 테스트하고 이상적인 계획을 향해 나아가야 한다. 좋은 '그때'에 도달하기 위해서는 약간의 실수와 배우는 과정이 필요하다.

계획을 수립하는데 뛰어나다고 생각하는가?

전혀
아니다   보통이다   매우
                                                   뛰어나다

정확하게 계획을 수립한다고 생각하나?

전혀
아니다   보통이다   매우
                                                   그렇다

5단계: 계획을 실행하라

끝까지 실행하지 못하는 계획은 별로 쓸모가 없다. 물론 끝까지 계획대로 실천하는 것은 당신의 몫이다.

내게는 생산성을 올리고 동기를 부여하는 특별한 재주가 없다. 그저 내 열정을 따라 움직였을 뿐이다. 세상에는 좋은 책들이 많으니 참조해서 자신이 생각하기에 가장 좋다고 생각하는 접근 방법을 여기에 적기 바란다. (나는 찰스 두히그Charles Duhigg의 《습관의 힘The Power of Habit》을 추천한다. 목표 달성에 있어 습관의 역할을 잘 알 수 있다.)

전반적으로 계획을 수립하면 끝까지 시행하는 편인가?

전혀
아니다   보통이다   매우
                                                          그렇다

팁:

● 일을 잘하는 사람들에게는 균형 잡힌 해야 할 일의 리스트To-do List가 있어서 빠트리지 않고 문제를 처리한다. 일을 못하는 사람은 천성적으로 체계적이지 못하거나 하기 싫은 일은 하지 않는다(또는 능력이 안 된다). 만일 당신이 그렇다면 여러 툴을 이용해 고칠 수 있다.

● 매일 해야 할 일을 알고 이를 실천할 수 있는 강단을 갖는 것은 매우 중요하다.

끝까지 일을 추진한다고 생각하는가?

전혀
아니다   보통이다   매우
                                                              그렇다

자신의 추진 능력을 정확히 알고 있다고 생각하는가?

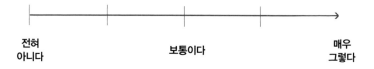

전혀
아니다   보통이다   매우
                                                              그렇다

수립한 계획을 실천하는 데는 굳은 결심과 자제력이 필요하다. 그런데 그런 자질이 없다면 실천하지 않을 수 없도록 계획을 세우면 된다. 예를 들어 살은 빼고 싶은데 규칙적으로 헬스장에 가기가 쉽지 않다면 같이 다닐 친구를 만들면 된다.

어떤 전략을 이용해 수립한 계획을 끝까지 달성할 것인가?

이제 이 연습의 5단계를 완성했으므로 그것들이 잘 맞는지 그리고 어떻게 이를 이용해 목표를 달성할지 등 각 단계를 좀 더 잘 이해했을 것이다. 다음 페이지에 이를 잘 활용하기 위한 템플릿이 있으니 이를 잘 활용해서 목표를 달성하기 바란다.

당신의 목표는 무엇인가?

가능한 최고로 구체적이어야 한다. 그래야 진행 상황을 측정하고, 실행 가능한 계획을 수립할 수 있다.

무엇이 목표 달성에 걸림돌로 작용하는가?

(지금 막 시작했다면) 앞으로 발생 가능성이 있는 문제도 있고 실제로 발생한 문제도 있다. 구체적으로 적어야 한다.

이 문제에 대한 당신이 생각은 무엇인가?

문제의 근본 원인을 파악할 때까지 철저히 분석해야 한다. 그 방법은 68쪽을 참조 바란다.

문제를 해결하기 위한 당신의 계획은 무엇인가?

분석한 결과를 잘 들여다보고 당신이 찾아낸 문제의 근본 원인을 어떻게 극복할지 창조적으로 생각해보라. 76쪽에 팁이 있다.

문제를 해결하기 위해 어떤 조치를 취할 것인가?

해야 할 일들을 꼼꼼하게 적지 않은 계획은 계획이라고 할 수 없다. 다음 단계를 계획하고 이를 달성하기 위해 어떻게 해야 할지 생각해보자.

가장 큰 2가지 장애물을 극복하고
실수로부터 배우는 방법을
알아보자

자아와 사각지대는 당신의 배움과 발전을 막는 가장 큰 장애물이다.

이 장애물 때문에 당신과 당신을 둘러싼 환경에 대한 진실을 객관적으로 보기 어려울 뿐 아니라 다른 사람들로부터 조언을 얻어 최선의 결정을 하기 어렵다. 이때 인간의 두뇌가 어떻게 작용하는지를 이해하면 이 장애물이 존재하는 이유를 알 수 있고, 행동을 바꾸어 더 행복하고 생산적인 삶을 살 수 있으며, 다른 사람과 어울려 잘 살 수 있게 된다.

이번 연습에서는 이 2개의 장애물을 설명한 다음 질문을 통해 자아와 사각지대와의 소통에 대해 생각할 기회를 가질 것이다.

자아 장애물

내가 '자아 장애물'이라고 말하는 것은 자신의 실수와 약점을 인정하지 않으려는 무의식적인 방어기제를 뜻한다. 인정받고 싶은 욕구와 미움받는 것에 대한 두려움, 생존에 대한 욕구와 패배에 대한 두려움, 성공에 대한 욕구와 실패에 대한 두려움 같은 마음속 깊은 곳의 욕구와 공포는 두 뇌의 가장 원초적인 부분을 이루고 있다. 예를 들어 측두엽에 있는 편도체는 감정을 담당하는데 의식적으로 조절이 안 되기 때문에 사실상 편도체가 무얼 원하는지, 어떻게 당신을 조절하는지 이해가 불가능하다. 뇌의 이 부분은 사물을 과도하게 단순화하고 본능적으로 반응하게 한다. 또한 칭찬만을 원해서 이성적으로는 건설적인 비판이 당신에게 유익하다는 걸 알면서도 모든 비판을 공격으로 간주하기도 한다. 당신이 얼마나 착한지를 이야기할 때는 특히나 방어적으로 만든다.

전액피질에는 더 고차원적인 이성이 있

다. 여기서는 의사 결정(소위 '실행 기능')
이 이루어지고 논리와 추리가 작동한다.

2개의 '당신'이 당신을 조정하기 위해 싸운다.

마치 지킬 박사와 하이드처럼 이성적인 당신은 본능적인 당신이 존재한다는 걸 모르지만, 양자 간의 갈등은 쉽게 볼 수 있다. 만약 당신이 조금만 더 주의를 기울인다면 뇌의 각각 다른 부분이 서로 싸우는 것을 볼 수 있다. '자신에게 화가 난다는 것'은 전액피질이 편도체(뇌의 본능적인 부분)와 싸우는 것이다. 예를 들어 '어쩌자고 케이크를 다 먹었지?'라고 화가 난다면, 답은 '본능이 이성을 이겼기 때문'이다.

일단 **a)** 논리적/의식적인 당신과 **b)** 감정적/무의식적인 당신이 서로 어떻게 다투는지를 이해하면, 2개의 '당신'이 다른 사람들과 혹은 다른 사람들의 '그들(a와 b)'과 다툴 때 어떤 상황인지 짐작할 수 있을 것이다. 한마디로 엉망진창이다. 본능적인 자아는 투견과 같다. 심지어 이성적인 자아가 상황을 파악하려 할 때도 싸우려 든다. 이런 상황은 매우 당황스러울 수밖에 없다. 사람들은 본능적인 자아가 모든 사람의 행동을 조정한다는 것을 모른다. 더구나 그런 자아가 존재한다는 것조차 모른다.

누군가 당신과 의견이 일치하지 않아 당신의 생각을 설명해달라는 요청을 받았을 때 어떤 일이 발생하는지 보자. 그런 식의 요청을 공격으로 간주하도록 프로그래밍되어 있기 때문에 특히 상대가 지적일 경우, 당신은 화부터 낸다. 다른 사람의 의견에 관심을 갖는 것이 더 논리적인데도 말이다. 당신의 행동을 설명하려 하지만 전혀 앞뒤가 맞지 않는다. 왜냐하면 본능적인 자아가 이성적인 자아라는 껍데기를 빌려 말하려 하기 때문이다. 당신의 깊은 곳에 있는 진짜 동기는 감추기 때문에 행동을 설명하는 것은 거의 불가능하다. 가장 지성적이라고 하는 사람들조차 이런 식이기 때문에 항상 끔찍한 결과를 낳는다.

그러므로 당신이 옳다고 주장하기보다 무엇이 진실인가를 파악해서 최선의 대응을 하는 것이 중요하다.

당신의 지식에 대해 자부심이 너무 세고 어떤 일을 매우 잘한다고 생각한다면 제대로 교훈을 얻지도 못하고 잘못된 판단을 내리거나 능력을 제대로 발휘하지 못하게 된다.

실수를 하거나 자신의 약점을 알게 될 때

자존심이 얼마나 타격을 입는가?

타격이
매우 크다   보통이다   아무 영향이
                                              없다

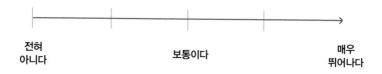

본능을 억제하는데 뛰어난가?

전혀
아니다   보통이다   매우
                                             뛰어나다

본능, 직관, 감정, 창의력 등 원초적인 수준에서 얻을 수 있는 것 중에는 뛰어난 것들이 많다. 그러므로 이를 잘 개발해서 활용하고 이성과 조화를 이루는 것이 좋다.

자존감이 상처를 입으면 의욕이 감소한다. 능력과 재능이 뛰어난 나의 지인들도 비난을 받으면 의욕이 크게 감소한다.

비난이 효과가 있다고 생각하는가?

전혀
효과가 없다

보통이다

매우
효과가 크다

비난을 들으면 어떤 영향이 있는가?

항상
의욕이 감소한다

보통이다

항상
의욕이 증가한다

칭찬은 하기 쉽고 듣는 쪽에서도 그 당시는 기분이 좋다. 그러나 이로 인해 배우거나 발전하지는 못한다. 문제의 개선을 중요하게 생각한다면 비판받는 것을 꺼리면 안 된다. 이 연습의 끝부분에 자신의 자존심을 버리고 실수로부터 배울 수 있는 지침과 툴이 있으니 활용하기 바란다.

사각지대라는 방해물

자아라는 방해물 외에 당신을 포함한 모든 사람들에게는 자신의 사고방식 때문에 사물을 제대로 볼 수 없게 만드는 사각지대가 있다. 들을 수 있는 소리와 볼 수 있는 색이 모두 다르듯 우리에게는 사물을 이해하고 볼 수 있는 범위가 다르다. 어떤 사람은 천성적으로 큰 그림을 보고 디테일한 부분은 놓치지만 또 어떤 사람은 디테일을 보고 큰 윤곽은 놓치기도 한다. 선형적으로 생각하는 사람도 있고 수평적으로 생각하는 사람도 있다. 이런 사실을 받아들이면 그에 맞게 사람들에게 대응할 수 있으므로 전혀 문제가 되지 않는다.

당연한 일이지만 자신이 보지 못하는 것은 제대로 인식하기 어렵다. 색맹인 사람이 색을 보지 못하는 것과 마찬가지로 패턴을 모르는 사람은 패턴을 알아보고 종합하는 게 어떤 것인지 이해하지 못한다. 이런 두뇌 작용의 차이는 신체의 작용만큼 눈에 잘 띄지는 않는다. 색맹은 자신이 색맹인 것을 결국은 알겠지만, 대부분의 사람들은 자신이 사고하는 방식 때문에 제대로 못 본다는 사실을 결코 이해하지 못한다. 모든 사람들에게 이런 사각지대가 있음에도 이를 이해하고 받아들이려 하지 않기 때문에 더욱 알기 어려워진다.

만약 당신이 다른 사람의 심리적인 약점을 지적하면 마치 신체적 장애를 언급한 것과 같은 반응이 나올 수 있다. 그러므로 PrinciplesYou같은 도구를 사용해서 객관적이고 덜 감정적으로 약점을 파악해 보자.

사람들은 보통 자신이 옳다는 주장만 하기 때문에 다른 사람들이 사물을 보는 방식이나 사고방식을 알려고 시도하지 않는다. 즉, 생각이 편협하고 선입견에 사로잡혀 있다는 뜻이다. 사람들은 보통 이런 편협함 때문에 많은 것을 잃고 다른 사람의 지적 대상에서 벗어난다. 이런 비판은 건설적이며 심지어 궁지를 탈출할 수 있게 돕는데도 말이다.

자신의 사각지대를 어느 정도 알고 있는가?

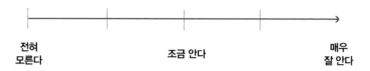

전혀
모른다

조금 안다

매우
잘 안다

그렇게 생각하는 근거는 무엇인가? 적어보자.

당신의 사각지대는 어떤 것인가?

아래에 몇 가지 예가 있다. 만일 없으면 빈 곳에 추가해도 된다.

○ 큰 그림 보기
○ 중요한 디테일 보기
○ 문제 예상하기
○ 신중한 계획
○ 창조적인 해결방안 제시
○ 숨은 기회 알아채기
○
○
○
○
○

당신이 아는 사람들은
당신의 사각지대가 정확하다고 판단하는가?

그렇지
않다

다소
그렇다

매우
그렇다

그들은 당신이
사각지대를 잘 극복할 것이라고 예상하는가?

그렇지
않다

다소
그렇다

매우
그렇다

이 2가지 장애물로 인해 의견이 안 맞는 사람들은 각자 자기가 옳다고 생각하고 결국은 잔뜩 화가 난 상태로 헤어진다. 이는 어리석은 일이며 최적의 결정을 하는 데도 방해가 된다.

두 사람의 의견이 다르면 둘 중의 한 명은 틀렸을 가능성이 있다. 당신은 그 틀린 사람이 되기를 바라지 않을 것이다.

의견이 다르다고 해서 무조건 상대방의 생각으로부터 배우는 것은 아니다. 문제를 해결하려고 노력할 때만 배울 수 있다. 사람들은 문제를 해결하기 위해 가용한 모든 훌륭한 아이디어를 받아들이는 대신 자기 머릿속으로 온갖 궁리만 한다. 그 결과 자신이 아는 것만 추구하고 모르는 분야와는 적응이 될 때까지 계속 충돌한다. 이외에 다른 적응 방식에는

a) 강제로 작용하도록 두뇌를 가르치거나 (창조적인 사람은 규율과 연습으로 가능하다)

b) (프로그래밍된 알림 장치 느낌으로) 보
상Compensating Mechanism을 이용하거나

c) 자신의 취약 부분에서 뛰어난 다른 사
람에게 의존하는 것 등이 있다.

**생각의 차이가 있어도 상호 보완해서 같이 존
재할 수 있다.**

구체적인 사례로는 창조적인 사람들에게
흔히 발견되는 수평적인 사고방식은 결과
를 신뢰하기 어렵지만, 수직적인 사고방
식은 좀 더 믿을 수 있다거나 세상에는 감
정적인 사람과 논리적인 사람이 섞여 있
다거나 하는 것들이다. 그 누구도 복잡한
프로젝트를 수행하면서 이런 보완적인 강
점을 가진 다른 사람의 도움 없이 성공하
기란 쉽지 않다.

아리스토텔레스는 비극을 개인의 치명적
인 결함에서 유래하는 끔찍한 결과라고
정의했다. 반대로 여기서 결함을 교정할
수 있다면 뛰어난 결과를 낳을 수 있다.

나는 개인적으로 2개의 장애물, 즉 자아와 사각지대 때문에 지적이고 근면한 사람들이 자신의 역량을 제대로 발휘하지 못한다고 생각한다.

이 장애물을 극복할 방법이 궁금한가?

당신을 포함해서 그 누구라도 극복할 수 있다.

다음의 원칙과 팁이 그 방법을 알려준다.

원칙

극단적으로 개방적인 태도를 유지하라.

자신이 못 본다는 걸 깨달으면 볼 수 있는 방법을 찾아내면 되지만 이를 알지 못하면 계속 문제가 생길 수밖에 없다. 즉, 자신에게 사각지대가 있음을 인정하고 포용적인 태도로 다른 사람에게 더 뛰어난 해결 방안이 있다는 점을 받아들이면 훨씬 나은 결정을 할 수 있다.

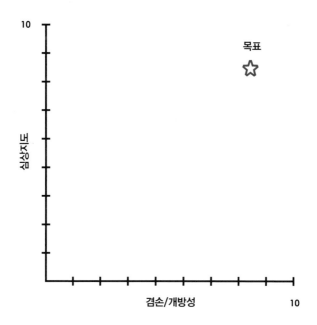

원칙

자신과 다른 사람의 심상지도와 겸손함을 배우자.

어떤 사람들은 해야 할 일을 스스로 안다. 이들에게는 체계적인 심상지도가 있다. 이런 능력은 후천적으로 습득한 것일 수도 있고 엄청난 양의 상식적인 지식을 배웠기 때문일 수도 있다. 어떤 경우든 이들은 다른 사람들보다 더 많은 해답을 알고 있다. 또한 다른 사람들보다 겸손하고 개방적인 사람들도 있다. 겸손함은 훌륭한 심상지도보다 더 가치 있다. 자신이 스스로 찾는 것보다 더 나은 답을 찾을 수 있도록 도와주기 때문이다. 뛰어난 심상지도와 겸손함, 둘 다 가지면 세상에 그 어떤 일도 할 수 있다.

극단적 개방성 배우기

개방적인 태도를 습득하면 그렇지 않았을 때보다 훨씬 많은 것을 보고, 상대가 가진 최고의 지식을 이용할 수 있어 목표 달성에 효과적이다. 그렇기에 자신의 개방성을 객관적으로 평가하고 이를 얻기 위한 노력을 기울일만한 가치가 있다.

대부분의 사람들은 개방적이라는 말의 뜻을 제대로 이해하지 못한다. 사람들은 개방적이라는 말을 잘못된 생각을 고집하고, 다른 사람의 의견 뒤에 숨겨진 배경을 이해 못하는, 일종에 '잘못해도 상관없는open to being wrong 사고방식'으로 이해한다. 그게 아니면 상황에 따라 다른 사람의 의견을 독립적으로 평가하지 않고 맹목적으로 추종하는 것이라고 생각한다. 나는 이를 '개방적이지만 자기주장이 강한 방식being open-minded and assertive at the same time' 이라고 부른다. 극단적으로 개방적이라는 것의 의미를 잘 아는 사람도 이를 구별해 실천하기는 매우 어렵다.

다음에 나오는 항목들은 당신의 행동에 변화를 주어 좀 더 개방적으로 만들기 위해 필요한 단계를 설명한다.

아래 내용에 어느 정도 동의하는지 생각해 보자.

나는 내가 옳다고 믿는 것을 사람들에게 말하는 대신
그들의 의견을 물어보는 편이다.

전혀
아니다   보통이다   매우
                                                  그렇다

나는 다른 사람들이 살아가는 방식을 더 알고 싶으며
일방적인 판단을 하지 않는다.
(예를 들어 종교, 문화, 정치적 신념 등)

전혀
아니다   보통이다   매우
                                                  그렇다

언론매체나 SNS상에서 나의 기존 관점을 강화하는 의견보다는 나와 다른 의견에 관심이 있다.

전혀
아니다   보통이다   매우
                                                                    그렇다

나의 지인들은 내가 남들의 의견을 잘 듣는 편이라고 한다.

전혀
아니다   보통이다   매우
                                                                    그렇다

나와 의견이 다르면 화가 난다.

전혀
아니다   보통이다   매우
                                                                    그렇다

내 생각이 주위 사람들과 틀리면 입을 닫는 편이다.

전혀
아니다   보통이다   매우
                                            그렇다

나는 내 생각을 말하기보다는 다른 사람들의 의견을 구하는 편이다.

전혀
아니다   보통이다   매우
                                            그렇다

앞의 질문들에 대한 답이 정확한가?

혹시 자신이 실제보다 더 개방적인 척하기 위해 과장하지는 않았는가?

전혀
아니다   일부 맞다   매우
                                            그렇다

**앞의 질문에 대한 답에 의거하여 자신의 성향은
개방적 또는 폐쇄적 중 어느 쪽이라고 생각하는가?**

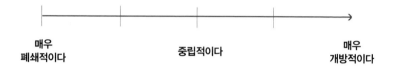

매우
폐쇄적이다   중립적이다   매우
개방적이다

당신이 매우 개방적이지 않다면 그건 더 많이 배워 훌륭한 결정을
할 여지가 아주 많다는 뜻이다. 개방적인 사고방식은 모든 사람이
갖고 싶어 하는 엄청나게 막강한 습관이다. 이는 연습을 통해 습득
할 수 있으며 다른 의견에 부딪혔을 때 당신의 솔직한 대응 방식
또는 자신의 의견을 표현하는 것부터 시작한다. 다음에 이런 상황
과 부딪히면 잠시 멈추고 자신이 얼마나 개방적인가 생각해보라.
'내가 맞다'고 생각하는 타입인가 아니면 '내가 맞다는 걸 어떻게
알지?'라고 물어보는 타입인가?

원칙

당신과 다른 의견을 말할 수 있는 믿을만한 사람들과 의견을 나누어라.

혼자 하는 것보다 다른 사람들의 아이디어를 이용하면 훨씬 나은 결정을 내릴 수 있다. 똑똑한 사람들은 다른 똑똑한 사람들에게 의견을 물어보아 더욱 더 똑똑해진다. 전문가들에게 개인적으로 물어보고 서로 의견이 다른 경우 자유롭게 표현해 달라고 한 방식 덕분에 나는 빠른 시간 내에 많은 것을 배울 수 있었다. 전문가의 의견이 나와 다르거나 전문가들끼리 의견이 다를 경우 특히 더욱 그렇다. 나와 의견이 다른 사람은 강단에서 나를 가르치는 교수보다 내게 훨씬 좋은 선생이다. 이렇게 배운 지식을 바탕으로 원칙을 수립하고 미래에 발생할 사건들을 감안해서 더욱 개선해 나가면 된다.

나는 해결해야 할 문제가 너무 복잡해서 짧은 시간 내에 이해하기 어려울 때, 나보다 더 믿을만한 사람에게 결정을 넘겨버린다. 그러나 이런 경우에도 그들이 어떤 부분에서 나와 의견이 다른지 파악해야 한다. 물론 대부분의 사람들은 이렇게 하지 않는다. 심지어 자신이 이런 종류의 판단을 할 자격이 없음에도 자신이 독자적으로 결정하려 한다. 이런 식으로 본능적인 자아에 굴복하는 것이다.

나는 이 방식으로 전혀 모르는 분야에서도 뛰어난 결정을 할 수 있었다. 당신과 의견이 다른 믿을만한 사람들과 의견을 나눔으로써 내가 그랬던 것과 마찬가지로 당신의 삶에도 커다란 변화가 생길 수 있다.

실수를 최대로 이용하는 방법

누구나 실수를 저지른다. 가장 큰 차이는 성공한 사람은 실수로부터 배우지만 성공하지 못한 사람은 배우지 못한다는 점이다. 실수를 해도 큰 문제가 없이 그로부터 배울 수 있는 환경이 조성되면 사회는 더욱 발전하고 심각한 실패도 줄어들 것이다. 이는 특히 창의력과 독자적인 사고가 중요한 조직에 더욱 해당되는 이야기다. 성공하려면 실패를 그 과정의 일부로 받아들여야 하기 때문이다. 토머스 에디슨은 이렇게 말했다. "나는 실패한 게 아니다. 단지 효과가 없는 1만 개의 방법을 알아낸 것뿐이다."

물론 실패를 하면 고통스럽다. 그렇다고 해서 고통으로부터 도피해서는 안 된다. 고통은 무언가 잘못되었다는 메시지이며 다시는 그런 실수를 해서 안 된다는 걸 알려주는 효과적인 장치다. 자신이나 다른 사람의 약점을 제대로 알고 극복하기 위해서는 이를 대놓고 솔직히 인정하고 향후 다시는 그것으로 상처받지 않도록 대책을 수립해야 한다. 이 경우 사람들은 보통 "고맙지만 사양합니다. 저하고는 맞지 않는 것 같군요. 그럴 바엔 처리하지 않는 게 낫겠어요"라고 말한다. 그러나 이는 당신과 당신이 속한 조직의 이익에 반하는 일이며 목표 달성을 늦출 뿐이다.

1년 전의 당신을 생각해 보고 그때 당시의 어리석은 판단에 놀라지 않는다면 당신은 별로 배운 게 없는 것이다. 사람들은 여전히 자신의 실수를 인정하지 않는다. 그래야 하는데도 말이다.

그동안 부모나 학교는 항상 정답을 맞히는 데에만 관심이 있었다. 내 경험으로 볼 때 소위 우등생은 절대로 실수로부터 배우지 못한다. 이들에게 실수는 기회가 아니라 실패이기 때문이다. 그러므로 발전이 없다.

자신의 실수와 약점을 인정하는 사람들은 동료들보다 훨씬 앞서간다. 능력이 같

아도 동료들은 자아라는 커다란 장애물을
가지고 있기 때문이다.

원칙

실수는 진화과정의 자연스러운 일부분임을 인정하라.

성공을 위해 노력하는 과정에서 조금 잘못되더라도 크게 신경 쓰지 않으면 더 많은 것을 배우고 목표에 가까이 다가갈 수 있다. 그러나 실수를 인정하지 않으면 성장은 없으며, 당신과 당신의 직장, 주위의 다른 사람들도 쓸데없는 험담과 악담으로 가득 차 건강하고 진실한 분위기와는 거리가 멀게 될 것이다.

옳다고 주장하기보다 진실을 찾는 것이 더 중요하다. 제프 베이조스Jeff Bezos는 이렇게 말했다. "계속해서 실패할 마음의 자세를 가져야 한다. 실패할 준비가 되어 있지 않으면 어떤 것도 할 수 없다."

브리지워터에는 실수를 기록하고 그로부터 배울 수 있는 '이슈 로그'가 있다. 직원들은 이를 이용해서 모든 문제를 표면화

하고 해결사들에게 맡겨 조직적인 개선을
할 수 있다.

이슈 로그는 오물을 걸러내는 필터 역할
을 한다. 잘못된 것은 무엇이든 문제의 심
각함과 담당자를 구체적으로 적어야 한다.
이 로그에는 또한 문제를 진단하는 방법
과 문제와 관련된 정보도 적어야 한다. 이
를 통해 성과를 측정하고 문제의 개수와
종류를 파악할 수 있다(문제 발생의 원인
이 되는 사람과 해결방법도 알아낼 수 있다).

이슈 로그는 조직에서 사용할 목적으로
만들었지만 개인적인 목표를 추구하는 사
람들에게도 도움이 될 수 있으므로 뒤쪽
에 양식을 첨부했다. 유기체나 조직, 개인
은 모두 불완전한 존재이지만 발전의 가
능성은 있다. 그러므로 실수를 은폐하고
숨어서 완벽한 척하기보다 실수를 인정하
고 문제를 해결할 방안을 찾아야 한다. 실
수로부터 귀중한 교훈을 얻고 분발해서
성공을 위해 매진할 수도 있고, 아니면 아
무것도 배우지 못하고 실패할 수도 있다.

안 좋은 결과

'심상지도'상에서 가야 할 위치와 비교해서 어떤 안 좋은 결과가 나왔는지 보자.

책임자

이 결과는 누구의 책임인가? (단순하게 안 좋은 결과만 생각하는 게 아니라) 누구의 책임인지를 생각해야 사건과 책임자가 분리되는 사태를 예방하고 원인을 제대로 파악할 수 있다.

심각성(1~5)

'1'은 작은 문제(물론 작은 문제가 많아지면 큰 문제가 될 수 있다)이 며, '5'는 목표달성에 심각한 위협이 되는 최악의 사태를 초래할 만한 문제다.

진단

문제의 근본 원인은 무엇인가? *책임자의 문제인가 아니면 계획 자체의 문제인가? 68쪽을 참조바람.*

사람과 계획의 변화

해야 할 일이 제대로 수립되지 않은 계획은 계획이라 하기 어렵다. 다음 단계를 계획하고 이의 이행방안을 고민해보자.

본격적인 가이드의 시작

여기부터는 자신만의 생각을 하도록 도와줄 원칙과 아이디어를 빼고는 대부분 공란이다. 신중히 고민하고 여백을 채워라. 일단은 122쪽과 123쪽에 당신의 생각과 원칙을 적어 원하는 대로 활용하길 바란다.

원칙

모든 좋은 결과의 바탕에는 진실(정확히 말하자면 현실에 대한 정확한 이해)이 있다.

대부분의 사람들은 원하는 것이 아니면 진실을 보려 하지 않는다. 하지만 이는 좋지 않다. 좋은 것은 알아서 신경을 쓰게 되기 때문에 좋지 않은 것을 파악하고 대처해나가는 것이 더 중요한 법이다.

현재 닥친 문제

그 문제는 어떤 종류의 '또 다른 비슷한 문제'였나?

당신이 적용한 원칙과 그 원칙을 적용한 방식

성찰

새로운 원칙

원칙

현실을 받아들이고 이에 대응하라.

현실의 작동방식을 이해하고 어떻게 대응하느냐는 매우 중요하다. 이 과정을 어떻게 받아들이느냐에 따라 그 차이는 엄청나다. 언제부터인가 내 인생은 게임이고 그 안에서 내가 부딪히는 문제가 복잡한 수수께끼라고 생각하니 마음이 편해졌다. 수수께끼 하나를 풀면 원칙이라는 형태로 보석이 주어지는데 이는 나중에 유사한 종류의 문제를 해결하는 데 도움이 된다. 부지런히 보석을 모으면 의사결정의 수준이 높아져서 게임의 더 높은 단계로 올라갈 수도 있었다. 물론 거기는 더 어렵지만 대신 보상이 엄청나다.

원칙

꿈 + 현실 + 결단력 = 성공

성공하고 계속 발전하는 사람은 현실을 지배하는 원인/결과 관계를 이해하고 이를 이용하여 원하는 바를 얻는다. 그 반대의 경우도 있다. 현실에 제대로 뿌리를 내리지 못하는 이상주의자는 문제를 일으키고 발전이 없다.

Remember that whatever
is happening to you happened
to others many times before and
to many people.

당신에게 무슨 일이 발생하는
그건 과거에 다른 사람들에게도
여러 번 발생했었던 사건에 불과하다.

원칙

높은 곳에서 사물의 작동방식을 보라.

높은 곳에서 바라볼 수 있는 인간의 특이한 능력은 현실을 이해하고 그 안에 내재한 인과관계를 파악하는 데 도움을 줄 뿐 아니라 자신과 자신을 둘러싼 다른 사람들을 이해하는 데도 도움이 된다. 나는 자신의 환경을 극복하고 사물을 객관적으로 바라볼 수 있는 이 능력을 '고차원적인 사고High-level Thinking'라고 이름 붙였다. 이 사고는 자신의 인생에 작용하는 인과관계를 연구하고 이에 영향을 주어 원하는 결과를 얻을 수 있도록 해준다.

목표 ⟶ 기계 ⟶ 결과

meditate!

명상하라!

원칙

어떠해야 한다는 사고방식에 얽매이지 마라.
현실을 제대로 배우지 못할 수도 있다.

편견 때문에 객관적인 시각을 잃어서는
안 된다. 감정적이기보다 분석적이어야
한다.

Be more curious than
proud about what you know.

안다고 자랑하지 말고 돌아가라.

원칙

강해지기 위해서는 고통스럽지만 한계를 넘어야 한다. 이건 기본적인 자연 법칙이다.

"인간에게는 고난이 필요하다. 그래야 건강에도 좋다"라고 칼 융이 말했다. 하지만 사람들은 본능적으로 고통을 회피한다. 이는 신체 단련(예를 들어 근력운동)이나 마음 단련(예를 들어 좌절, 정신적 고통, 당혹감, 수치심 등)에 똑같이 해당하며 자신의 불완전함으로 발생하는 냉혹한 현실에 부딪혔을 때 특히 더욱 그렇다.

원칙

고통 + 성찰 = 발전

원대한 목표를 추구한다면 고통은 피할 수 없다. 믿기 어렵겠지만 제대로 문제에 접근하고 있다면 그런 종류의 고통을 겪게 된 것을 다행으로 생각해야 한다. 그건 전진하기 위한 해결 방법을 찾아야 한다는 뜻이기 때문이다. 만약 당신이 이런 심리적인 고통을 피하기보다 자동으로 반응하는 습관을 키울 수 있다면, 당신은 빨리 배우고 발전할 수 있다.

원칙

피하지 말고 고통과 직면하라.

경계를 늦추지 않고 일정 수준의 고통과
함께하는 것이 편해지면 더 빨리 발전할
수 있다. 삶이란 원래 그런 것이다.

원칙

고통을 제대로 된 성찰의 척도로 삼아라.

정신적인 고통은 목표에 도전하는 과정에서 어느 한 가지 생각에 너무 몰두해 있을 때 발생하는 경우가 많다. 특히 자신에게 약점이 있는 경우 더욱 그렇다. 이런 식의 정신적인 고통은 당신이 틀릴 가능성이 높으며, 따라서 다른 방법으로 문제를 생각해볼 필요가 있다는 증거다. 이를 위해 우선 자신을 진정시켜야 한다. 쉽지 않을 것이다. 두뇌가 수축하면서 편도체가 작동을 시작할 것이고 몸은 잔뜩 긴장할 것이며 짜증과 분노, 불안감이 엄습할 것이다. 이런 느낌이 들 때 자신을 가만히 관찰해보라. 마음이 편협해지는 이런 신호를 알게 되면 이를 이용해서 행동을 조정할 수 있고 개방적인 마음으로 나아갈 수 있다. 규칙적으로 이를 연습하면 '고차원적인 자신Higher-level You'을 유지할 수 있는 능력이 강화된다. 자주 연습할수록 더욱 강해지는 것을 느낄 수 있다.

Keep thinking about
how the machine is working
and how you can make it
work better.

쉬지 않고 기계의 작동원리를 생각해보고
어떻게 하면 더 잘 움직일 수 있을지 고민해보자.

원칙

자신이나 다른 사람들의 실수를 나쁘게 생각하지 말고 오히려 반겨라.

사람들은 실수를 하게 되면 보통 기분이 상한다. 전체 과정에서 실수가 차지하는 역할을 간과하기 때문이다. 한번은 최고의 농구선수인 마이클 조던에게 스키를 가르쳤던 강사에게 레슨을 받은 적이 있는데 그가 말하길 조던은 자신이 실수할 때마다 이를 발전할 수 있는 기회로 생각하고 매우 좋아했다고 한다. 그는 게임 중간에 나오는 수수께끼처럼 실수를 해결하면 보석이 주어진다는 걸 알았다. 당신이 하는 실수로부터 배운 교훈이 향후 수천 건의 비슷한 실수를 예방해준다.

원칙

남들에게 어떻게 보일까 걱정하지 말고 목표를 달성할 궁리를 하라.

의심은 치워버리고 목표 달성에 집중하라. 걸맞은 비판이야말로 당신이 받을 수 있는 가장 소중한 피드백임을 명심하라. 체중 이동에 문제가 있어 넘어졌다고 한 스키강사의 지적을 당신에 대한 비난이라고 생각하면 얼마나 어리석고 비생산적인 일인가? 회사의 상사가 문제점을 지적했을 때도 마찬가지다. 문제를 고치고 나아가야 한다.

원칙

결과의 주체가 되어라.

상황이 어떻게 바뀌더라도 당신이 통제할
수 없다고 불평하는 대신, 자신의 주도적
인 결정에 책임을 진다면 당신은 더 성공
하고 행복을 얻을 수 있다.

원칙

자신의 행동에 책임을 지고 다른 사람이 당신을 비난하면 감사히 여겨라.

다른 사람을 비난하는 능력과 용기를 가진 사람들이 있지만 대부분은 그렇지 못하다. 그런 능력과 용기를 갖는 것이 매우 중요하다.

원칙

목표를 달성하는 방법은 다양하다.

잘 작동하는 방법을 찾아내기만 하면 된
다.

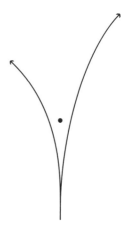

원칙

**달성이 불가능해 보인다고 목표에서 제외해
서는 안 된다.**

담대해야 한다. 항상 길은 있게 마련이다.
당신이 할 일은 길을 찾아 용감하게 따라
가는 것이다. 가능하다는 생각은 그 당시
지식에 근거한 판단에 불과하다. 일단 목
표를 추구하기 시작하면 많은 것을 배울
수 있다. 특히 다른 사람들과 의견을 나누
면 보지 못했던 길이 보이기 시작할 것이
다. 물론 불가능한 일이 없는 것은 아니다.
예를 들어 단신인데 프로농구팀의 센터를
맡는다든지, 70살에 1마일을 4분에 주파
한다든지 하는 것들은 불가능하다.

Don't ignore nature.
At least occasionally
immerse yourself in it.

자연을 가까이하라. 가끔이라도 자연에 푹 빠져보라.

원칙

당신의 시각이 당신을 결정한다.

당신의 인생은 당신의 시각과 당신이 연
결되었다고 느끼는 사람과 사물(가족, 지
역사회, 국가, 인류애, 생태계 등 모든 것)에
따라 달라진다. 어느 정도까지 다른 사람
의 이익을 자신의 이익보다 우선할지, 그
리고 어떤 사람을 위해 그렇게 할 것인지
를 결정해야 한다. 살면서 이런 선택을 해
야 할 경우가 여러 번 찾아올 것이기 때문
이다.

원칙

허식적인 성공을 진짜 성공으로 착각해서는 안 된다.

목표를 추구하는 것은 중요하지만 고가의 구두나 스포츠카에 집착하는 사람들 중 행복한 사람은 거의 없다. 자신이 정말로 원하는 것을 모르니 무엇을 해야 마음이 충족될지 모르기 때문이다.

EARN MORE than you spend.
That will give you freedom,
safety, and the power.
to do what you want.

지출보다 수입이 많아야 한다.

그래야 자유와 안정

그리고 바라는 것을 할 수 있는 힘을 얻는다.

원칙

우선순위를 매겨라. 사실 원하기만 하면 어떤 것도 가질 수 있지만 원하는 모든 것을 가질 수는 없다.

인생은 초대형 뷔페식당 같아서 모든 음식을 다 맛볼 수는 없다. 목표를 선택한다는 것은 때로는 진정으로 원하는 것을 얻기 위해 다른 목표를 포기한다는 뜻이다. 시작도 하기 전에 여기부터 잘못된 판단을 하는 사람도 있다. 하나를 선택하지 못하고 동시에 여러 목표를 추구해서 결국 아무것도 달성하지 못하는 것이다. 그러나 낙담할 필요는 없다. 너무 많은 목표에 압도당하지만 마라. 당신은 행복하기 위해 필요한 것 이상을 가질 자격이 있다. 선택을 하고 전진하라.

원칙

당신에게 a)유연성과 b)자기 책임감이 있다면 반드시 성공하게 되어있다.

유연성은 현실(또는 똑똑한 사람들)의 가르침을 받아들이는 것이다. 자기 책임감도 매우 중요하다. 목표를 달성하지 못한 것이 자신의 책임이라고 생각해서 이를 자신이 창조적이고 유연하며 강하지 못하다는 증거로 받아들이고 그만큼 더 목표를 달성할 방법을 찾기 때문이다.

Remember that you can't be good
at everything and even if you
were you wouldn't have the time
to do everything so you have to work
well with others

모든 걸 다 잘할 수는 없다.
설사 그렇다고 하더라도
모든 것을 할 시간이 주어지지 않을 것이다.
그러므로 다른 사람들과 잘 협조해야 한다.

원칙

누구에게나 성공을 가로막는 커다란 방해물이 한 가지 이상 있다. 당신의 방해물을 파악하고 극복해야 한다.

당신의 최대 방해물을 적어보자(예를 들어 문제 파악하기, 해결책 수립하기, 결과 도출하기 등). 그리고 그것이 왜 생기는지 생각해보자(예를 들어 감정에 휘말리거나 정확한 대책 수립에 실패해서 등). 당신과 다른 사람들에게는 아마도 커다란 방해물이 하나씩 있겠지만, 만일 이를 제거하거나 해결할 수 있다면 당신의 삶은 크게 달라질 것이다. 그리고 노력하면 거의 확실히 제재하리라 확신한다.

원칙

최선의 해결 방법은 모른다고 생각하라. 그리고 '모르는 상태'에 잘 대응하는 능력이 아는 것보다 더 중요하다는 것을 잊지 마라.

대부분의 사람들은 자신이 옳다고 생각하고 다른 해결 방법을 고민하지 않기 때문에 잘못된 결정을 한다. 극단적으로 개방적인 사람들은 정확한 질문을 떠올리고 다른 똑똑한 사람들에게 물어보는 것이 정답을 다 아는 것만큼 중요하다는 것을 알고 있다. 이들은 '모르는 상태'에서 한동안 헤매지 않고는 위대한 결정을 할 수 없다는 것도 잘 알고 있다. '모르는 상태'의 영역에 있는 것은 우리가 아는 그 어떤 것보다 더 위대하고 흥미롭다.

When two people disagree
one of them is probably
wrong. Wouldn't you
want to know if that
person is you?

두 사람의 의견이 맞지 않으면
아까도 한 명은 틀렸을 가능성이 높다.
혹시 당신이 틀린 게 아닐까?

원칙

가장 중요한 것은 누구에게 묻느냐다.

그들은 모든 정보를 가지고 있어야 하며 신뢰할 만해야 한다. 당신이 원하는 것을 담당하는 사람이 누구인지 파악하고 바로 그 사람에게 물어보아야 한다. 잘 모르는 사람에게 물어보느니 가만히 있는 게 더 낫다.

Ask more questions than
you tell answers.

대답보다 질문을 더 많이 해라.

원칙

다른 사람의 말을 전부 믿어서는 안 된다.

의견은 널렸고 모두들 당신에게 마치 사실인 것처럼 한마디씩 할 것이다. 의견과 진실을 혼동해서는 안 된다.

원칙

불완전주의자가 되어라.

완전주의자들은 중요한 것을 놓치고 주변의 사소한 것에 너무 많은 시간을 빼앗긴다. 어떤 결정을 할 때는 대개 5개에서 10개 정도의 요소만 고려하면 된다. 이것들을 충분히 이해하는 것이 중요하지만, 요소들을 더 깊이 공부한다고 해도 그로 인한 한계이익은 제한적이다.

원칙

좌절을 잘 극복하는 것은 앞으로 나아가는 것만큼 중요하다.

때로는 어쩔 수 없이 폭포를 가로질러 가야 할 때가 있다. 살면서 막상 그런 일이 닥치면 엄청난 충격을 받게 마련이다. 상황이 안 좋을 때는 그저 가진 것을 지키고 손실을 최소화하거나 그것도 안 되면 돌이킬 수 없는 손실을 받아들이는 수밖에 없다. 당신의 목표는 항상 가능한 최선의 선택을 하는 것이다. 그러다 보면 나중에 보상받게 되어 있다.

Everyone makes mistakes.
The main difference between
successful people and
unsuccessful people is that
successful people learn from
them.

누구나 실패를 한다.
실패로부터 배운 사람은 성공하고
배우지 못 한 사람은 실패한다.

원칙

실패도 잘해야 한다.

누구나 실패한다. 성공하는 듯 보이는 사람은 당신이 보는 그 분야에서만 성공한 사람이다. 다른 많은 분야에서는 그 사람도 실패했다고 장담할 수 있다. 내가 존경하는 사람은 잘 실패하는 사람이다. 성공한 사람보다 이들이 더 대단하다고 생각한다. 성공은 달콤하지만 실패는 고통스러운 경험이기 때문에 실패를 겪은 후 변화해서 결국 성공하려면 단순히 성공하는 것보다 많은 용기가 필요하다. 성공하는 사람은 한계를 극복하는 사람이다. 실패하고도 이를 깨닫지 못하고 변화하지 않는 사람이 제일 안 좋다.

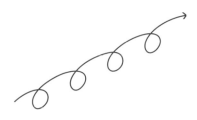

원칙

타협해서는 안 되는 것과 타협하면 절대 성공하지 못한다.

다른 사람과 자신이 불편함을 느끼지 않으려고 이렇게 하는 사람들이 많다. 이런 행위는 퇴보적이면서 비생산적이다. 성공보다 편안함을 우선하면 모든 사람들에게 안 좋은 결과만 나올 것이다. 나는 같이 일하는 사람들을 사랑했고 이들이 성공하도록 자극을 주었다. 동료들도 나에게 똑같이 해주기를 바랐다.

원칙

진리를 알 수 있다면 그 무엇도 두려워할 필요가 없다.

평범한 사람들은 있는 그대로의 진실을 마주친다는 생각만으로도 불안해진다. 이를 극복하기 위해서는 거짓이 진실보다 더 무섭다는 것을 이성적으로 깨닫고, 연습을 통해 진실을 받아들여 공존하는 데 익숙해져야 한다.

Be strong!!

힘내라!

원리

**당신 자신이 진실해야 하고 다른 사람에게도
진실함을 요구해야 한다.**

진실함Integrity은 라틴어의 '하나' 또는 '전
체'를 뜻하는 *인테그리타스*Integritas에서 온
말이다. 안에서 보면 이렇지만 밖에서 보
면 저런 사람, 즉 일관적이지 못한 사람은
'진실함'이 없다. 대신 이중성Duality이 있을
뿐이다. 다른 것을 자신의 의견인 양 포장
하면 그 순간은 편할지 모른다(갈등이나 불
편한 상황을 피할 수 있고 어떤 다른 단기 목
표를 달성할 수 있기 때문이다). 그러나 이중
성을 배제하고 진실함을 유지함으로써 얻
는 2차, 3차 효과는 엄청나다. 앞뒤가 다른
사람은 갈등을 유발하고 심지어 자기 자
신도 믿지 못하게 된다. 행복할 수 없고 최
고의 역량을 발휘하기도 거의 불가능하다.

원칙

의미 있는 관계와 의미 있는 일은 상호보완 적 Mutually Reinforcing이다. 특히 극단적인 진실과 투명성이 보장될 때는 더욱 그렇다.

중요한 모든 것에 대해 터놓고 이야기할 수 있고, 같이 배우며, 최고가 될 수 있도록 상대방을 지적할 수 있을 때 가장 의미 있는 관계가 성립된다. 같이 일하는 사람과 의미 있는 관계를 구축하면 어려운 시기를 함께 이겨나갈 수 있다. 또한 같이 어려운 일에 대처하면 관계가 더욱 긴밀해지고 강화된다. 이런 상호보완적 사이클은 당신을 성공으로 이끌어 더 야심 찬 목표를 추구할 수 있도록 도와준다.

Make your work and your passion the same thing. Do it with people you want to be with. And don't forget the money part.

같이 일하고 싶은 사람들과 열정을 가지고 일에 몰두하되 금전적인 부분도 잊어서는 안 된다.

원칙

다른 사람들의 말을 경청하되 할 말은 해야 한다.

다른 사람과 의견이 다른 상황을 잘 이용하려면 우선 개방적이어야 하고(즉, 다른 사람의 시각에서 사물을 보고) 동시에 할 말은 해야 한다(즉, 자신의 의견을 명확히 전달해야 한다). 이렇게 얻은 정보를 융통성 있게 활용해서 배우고 적응해야 한다.

Remember that knowing how
to deal with what you don't know
is more important than anything
you know.

당신이 모르는 것에 대해 제대로 대처하는 것이

아는 것에 대해 대처하는 것보다 훨씬 중요하다.

원칙

1+1=3

두 사람이 잘 협력하면 각각 혼자 움직이는 것보다 3배의 효율을 달성할 수 있다. 다른 사람이 놓친 것을 볼 수도 있고 상대방의 최고 수준의 역량을 끌어낼 수 있기 때문이다.

원칙

모르는 것을 수치라고 생각하는 사람들을 조심하라.

이들은 목표를 달성하는 것보다 겉으로 나타나는 것에 더 신경 쓰는 사람들이다. 결국 망하게 되어 있다.

Look at other people and
the world without bias.

편견 없이 사람과 세상을 보라.

원칙

모든 위대한 관계에는 갈등이 발생하게 마련이다. 이를 통해 서로의 원칙이 같은지 가늠해보고 차이를 극복할 수 있다.

사람들의 원칙과 가치관이 다르기 때문에 모든 관계에는 필연적으로 서로를 인정하고 살아가기 위한 협상과 토론이 필요하다. 상대방에 대해 알게 되면 더욱 관계가 긴밀해지거나 역으로 더 멀어진다. 상대방과 원칙이 같고 기브앤테이크 과정을 통해 차이를 극복할 수 있다면 더욱 가까워질 수 있다. 그렇지 않으면 더 멀어진다. 의견 차이에 대한 공개토론으로 오해를 없애야 한다. 계속 이런 과정을 거치지 않으면 의견 차이는 더욱 커져 결국에는 커다란 충돌로 이어진다.

원칙

큰 갈등은 반드시 해결하고 넘어가야 한다.

단기적으로는 대립을 피하는 것이 쉽지만 장기적으로 보면 그 결과는 엄청난 후폭풍을 불러올 수 있다. 피상적인 타협이 아니라 기본적이며 정확한 결론을 통해서 갈등을 해결하는 것이 필수적이다. 이 과정은 관계있는 모든 사람(필요에 따라 조직 전체)에게 투명하게 공개되어서 심도 있는 결정을 하고 토론을 통해 갈등을 해소하는 문화를 정착시켜야 한다.

원칙

맞는 사람을 만나면 소중하게 관계를 유지하라.

모든 면에서 당신과 동일한 관점을 가진 사람은 없지만 가장 중요한 가치관과 이를 실천하는 방식에서 동일한 생각을 가진 사람은 있게 마련이다. 이런 사람들과는 끝까지 같이 가야 한다.

원칙

문제를 파악했으면 그대로 놔두어서는 안 된다.

문제를 해결하지 못하면 문제를 파악하지 못한 것과 마찬가지다. 문제를 놔두는 이유가 해결할 수 없다고 생각해서건, 해결할 필요가 없다고 생각해서건 또는 해결에 필요한 자원이 부족해서건 간에 해결하려는 의지가 없으면 당신의 상황은 절망적이다. 아무리 심각해도 반드시 문제를 해결하는 강단을 키워야 한다.

To be excellent requires hand work

성공하기 위해서는 열심히 노력해야 한다.

원칙

좌절할 필요 없다.

당장 문제가 없더라도 언젠가는 곤란한 일이 생기기 마련이다. 나는 있는 현실을 그대로 받아들이고 왜 그런 일이 생겼는지 한탄하는 대신 해결할 방법을 찾는 것이 중요하다고 생각한다. 그런 면에서 윈스턴 처칠의 말은 정곡을 찌른다.

"성공이란 열정을 잃지 않고 실패를 거듭하는 것이다."

원칙

어려운 문제의 해결을 주저하지 마라.

문제를 해결하기가 너무 어려워서 용납할 수 없는 문제를 안고 가기도 한다. 그러나 용납하기 어려운 문제를 해결하는 것이 그대로 두는 것보다 훨씬 쉽다. 그대로 두면 스트레스를 많이 받고 처리할 일도 더 많아지며 결과가 늘 안 좋아 해고당할 수도 있기 때문이다. 경영의 첫째 원칙은 문제로 인해 발생하는 결과를 살펴보고 문제를 해결하던가 아니면 필요에 따라 계속해서 문제를 더 키워야 한다. 문제를 표면에 노출해 해결사들의 손에 맡기는 것보다 더 좋은 해결 방법은 없다.

To have the best life possible
you only need to:
1) Know what the best
   decisions are, and
2) have the courage to
make them.

최고로 성공적인 삶을 위해서

1) 어떤 것이 최선의 선택인지 알고

2) 이를 선택하는 용기를 가져야 한다.

인생의 여정에서
당신과 사랑하는 사람들의
위치를 파악해야 한다

이 연습의 목적은 당신과 당신이 사랑하는 사람들을 제대로 이해하고 원하는 삶을 살 수 있도록 미래를 준비하기 위함이다.

이 방법은 나와 다른 많은 사람들에게 도움을 주었다. 지금 당장 할 필요는 없으나 이 책 끝부분에 넣어 두었으니 원하는 때에 해보면 된다.

여러 번 말했지만 모든 일은 동일한 원인으로 인해 반복해서 발생한다. 따라서 무언가를 이해하기 위해서는 대표적인 경우의 전개 방식과 그렇게 전개되는 원인/결과 관계를 파악하는 것이 중요하다. 그러면 대표적인 경우를 기준으로 개별적인 경우와의 차이를 알 수 있고 차이가 발생하는 이유도 알 수 있다.

이번 연습에서는 전형적인 삶의 경로와 자신의 삶의 경로를 비교해본다.

이 연습은 당신에게 닥칠 일을 예상해보고 이에 대한 준비를 하며, 문제가 발생하면 해결할 수 있도록 도와주는 역할을 할 것이다. 완전히 같은 삶의 경로는 없으며 어떤 경로도 다른 경로보다 우월하지 않다. 경로를 여행하는 사람의 환경과 결정에 따라 각자만의 독특한 삶의 경로가 있을 뿐이다. 하지만 또 대부분의 경로는 큰 흐름이 비슷하며 상이한 경우가 많지 않다. 오늘날 일반적인 인생의 경로는 80년에 걸쳐 진행되며 이는 3개의 완전히 다른 단계로 나눌 수 있는데 각 단계 사이에 5년~10년간의 전환기가 2개 있다. 이의 작동원리를 알고 당신의 인생에 어떻게 적용되는지를 이해하는 것은 매우 중요하다. 당신의 삶이 전형적인 삶의 경로와 많이 다르더라도 자신의 경로를 들여다보는 것만으로도 도움이 될 것이다.

삶의 경로의 3단계

첫 번째 단계는 배우며 다른 사람에게 의지하는 단계다. 즉, 학교에 다니며 다른 사람의 보호 아래 있는 시기다. 두 번째 단계는 당신은 일을 하고 다른 사람들이 당신에게 의지하는 단계다. 직장에서의 성공과 가정에서의 성공을 동시에 추구하는 시기이므로 일과 가정의 균형을 지켜야 하는 문제에 직면하는 시기다. 세 번째 단계는 이 모든 것으로부터 자유롭게 되어 어떤 책임도 없이 인생을 즐기다 사망하는 시기다. 두 번째 단계에서 세 번째 단계로 전환하는 과정에서 타고난 성향이 나와 다른 사람들이 성공할 수 있도록 재능을 기부할 수 있다. 내가 지금 있는 곳이 이 세 번째 단계로서 내가 배운 모든 것을 다른 사람들에게 전달하려고 한다.

현재 위치한 단계를 바꿀 수는 없지만 당신과 당신이 사랑하는 사람이 어디에 있는지는 알 수 있으며, 어느 곳으로 진행하는지를 알고 이에 대한 계획을 세워 조정할 수 있다.

다음 페이지의 표는 전형적인 삶의 경로를 보여준다. 출생부터 사망까지 시간순으로 나열되어 있다. 이 표에서 자신의 위치를 찾아보면 현 상황 파악에 도움이 된다. 인생 자체가 원래 계획대로 되지 않으니 정확하지 않아도 된다. 또한 모든 사건과 일일이 대조해서 맞출 필요도 없다. (물론 원한다면 그렇게 해도 좋다.)

경로상에서 자신의 위치를 파악했다면 지나온 사건들을 다시 보기 바란다. 그렇게 하면 지나온 삶의 궤적을 되돌아볼 수도 있고 앞으로 나아가야 할 방향도 알 수 있다.

삶의 경로

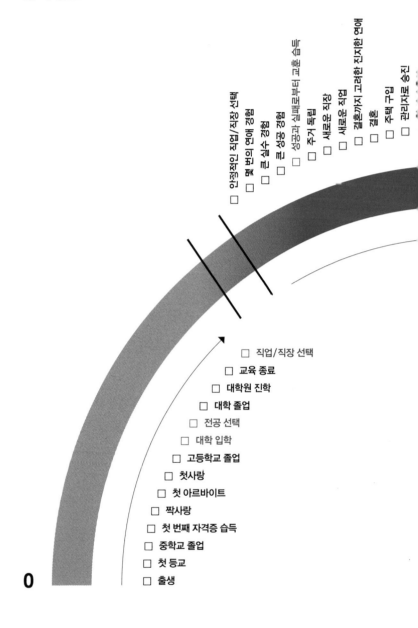

안정적인 직업/직장 선택
몇 번의 연애 경험
큰 실수 경험
큰 성공 경험
성공과 실패로부터 교훈 습득
주거 독립
새로운 직장
새로운 직업
결혼까지 고려한 진지한 연애
결혼
주택 구입
관리자로 승진

☐ 직업/직장 선택
☐ 교육 종료
☐ 대학원 진학
☐ 대학 졸업
☐ 전공 선택
☐ 대학 입학
☐ 고등학교 졸업
☐ 첫사랑
☐ 첫 아르바이트
☐ 짝사랑
☐ 첫 번째 자격증 습득
☐ 중학교 졸업
☐ 첫 등교
☐ 출생

0

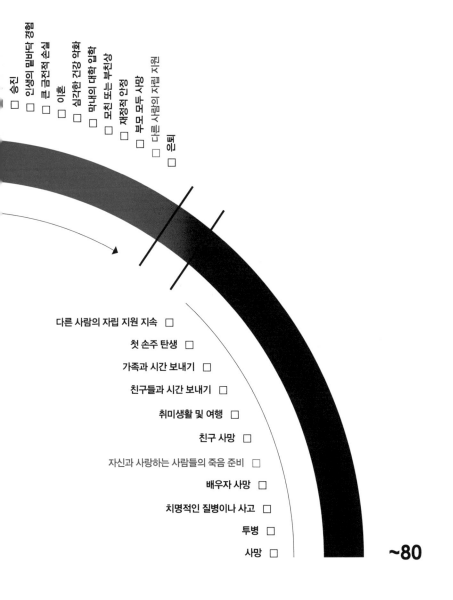

당신의 경로

잠시 시간을 내어 당신의 위치를 표시해보자. 다음 표에는 가장 소중한 사람들의 위치를 생각해보고 이니셜로 위치를 표시해보자.

뒷부분에서는 당신과 당신의 소중히 생각하는 사람들에게 앞으로 닥칠 사건을 생각해보고 10년 후에 각각 어느 위치에 있을지 그리고 그 중간에 어떤 사건이 발생했을지를 가늠해보자.

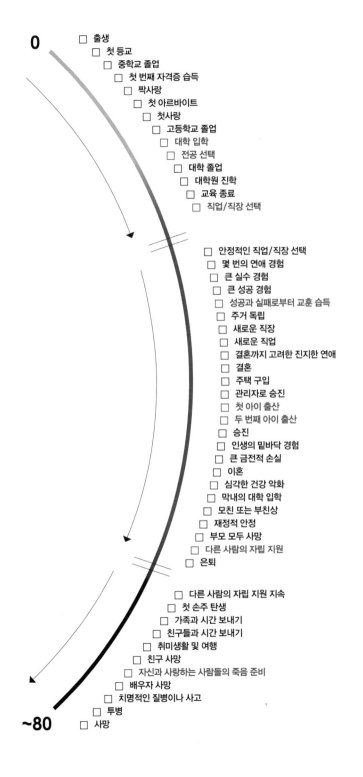

0

☐ 출생
☐ 첫 등교
☐ 중학교 졸업
☐ 첫 번째 자격증 습득
☐ 짝사랑
☐ 첫 아르바이트
☐ 첫사랑
☐ 고등학교 졸업
☐ 대학 입학
☐ 전공 선택
☐ 대학 졸업
☐ 대학원 진학
☐ 교육 종료
☐ 직업/직장 선택

☐ 안정적인 직업/직장 선택
☐ 몇 번의 연애 경험
☐ 큰 실수 경험
☐ 큰 성공 경험
☐ 성공과 실패로부터 교훈 습득
☐ 주거 독립
☐ 새로운 직장
☐ 새로운 직업
☐ 결혼까지 고려한 진지한 연애
☐ 결혼
☐ 주택 구입
☐ 관리자로 승진
☐ 첫 아이 출산
☐ 두 번째 아이 출산
☐ 승진
☐ 인생의 밑바닥 경험
☐ 큰 금전적 손실
☐ 이혼
☐ 심각한 건강 악화
☐ 막내의 대학 입학
☐ 모친 또는 부친상
☐ 재정적 안정
☐ 부모 모두 사망
☐ 다른 사람의 자립 지원
☐ 은퇴

☐ 다른 사람의 자립 지원 지속
☐ 첫 손주 탄생
☐ 가족과 시간 보내기
☐ 친구들과 시간 보내기
☐ 취미생활 및 여행
☐ 친구 사망
☐ 자신과 사랑하는 사람들의 죽음 준비
☐ 배우자 사망
☐ 치명적인 질병이나 사고
☐ 투병

~80 ☐ 사망

다른 사람들의 경로

'당신의 경로'에 나열된 사건이 당신의 실제 경험과 얼마나 일치하는지 살펴보고 네모 칸에 표시해보자.

특히 붉은색 항목을 유의해서 보자. 이들은 당신의 향후 인생 경로에 커다란 영향을 미치는 사건이다. 만일 당신의 현 위치가 붉은색 단계에 와 있다면 특히 더 많이 생각해보고 현명한 판단을 내려야 한다. 내가 앞에서 설명한 방법을 따라 한다면 더 좋을 것이다.

이 단계에서 내리는 결정은 향후 당신의 남은 인생에 엄청난 영향을 미친다. 이 표에서 보듯 대부분 사람들의 삶의 경로는 비슷하지만, 우리의 선택에 따라 인생의 여정이 크게 달라진다.

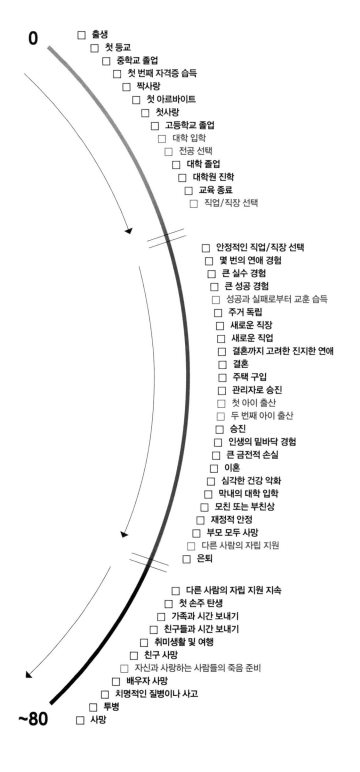

0

☐ 출생
☐ 첫 등교
☐ 중학교 졸업
☐ 첫 번째 자격증 습득
☐ 짝사랑
☐ 첫 아르바이트
☐ 첫사랑
☐ 고등학교 졸업
☐ 대학 입학
☐ 전공 선택
☐ 대학 졸업
☐ 대학원 진학
☐ 교육 종료
☐ 직업/직장 선택

☐ 안정적인 직업/직장 선택
☐ 몇 번의 연애 경험
☐ 큰 실수 경험
☐ 큰 성공 경험
☐ 성공과 실패로부터 교훈 습득
☐ 주거 독립
☐ 새로운 직장
☐ 새로운 직업
☐ 결혼까지 고려한 진지한 연애
☐ 결혼
☐ 주택 구입
☐ 관리자로 승진
☐ 첫 아이 출산
☐ 두 번째 아이 출산
☐ 승진
☐ 인생의 밑바닥 경험
☐ 큰 금전적 손실
☐ 이혼
☐ 심각한 건강 악화
☐ 막내의 대학 입학
☐ 모친 또는 부친상
☐ 재정적 안정
☐ 부모 모두 사망
☐ 다른 사람의 자립 지원
☐ 은퇴

☐ 다른 사람의 자립 지원 지속
☐ 첫 손주 탄생
☐ 가족과 시간 보내기
☐ 친구들과 시간 보내기
☐ 취미생활 및 여행
☐ 친구 사망
☐ 자신과 사랑하는 사람들의 죽음 준비
☐ 배우자 사망
☐ 치명적인 질병이나 사고
☐ 투병
☐ 사망

~80

각 단계를 더 자세히 살펴보자.

1단계

이 단계에서 당신들은 어떤 천성을 가지고 각각 다른 환경에서 태어났다. 다소 차이는 있겠지만 이 단계에서 대부분은 자신을 이끌어주는 사람(보통은 부모)에게 의지하며 취학 전, 초등학교, 중학교 그리고 고등학교로 구성된 4개의 하부 단계를 거치게 된다.

각 하부 단계를 거치면서 배우는 내용이 상이하다. 취학 전의 아이는 여러 수준의 안정감, 호기심, 의지 같은 특성을 발달시킨다. 초등학교에 들어가면 사회적 상호작용과 언어를 배운다. 중학생이 되면 사춘기를 겪으면서 사고방식이 많이 바뀌므로 이 시기를 잘 이끌어주는 것이 중요하다. 고등학생 시절에는 사회적, 감정적, 분석적 기술을 더 잘 배울 수 있다.

여기서 어린 시절의 발달단계에 대해서

자세히 다루지는 않을 것이다. 내가 전문가가 아니기 때문이기도 하지만 큰 그림을 보는 것이 목적이기 때문이다. 다만 두 뇌의 작동 방식을 보면 사춘기(보통 9세에서 11세 사이에 시작한다)에 변화가 발생한다고 전문가들이 공통으로 지적하고 있음을 말하고 싶다. 이 시기는 청소년기로서 더 주체적으로 생각하려 하고 능력도 갖추는 시기다. 또한 이 시기에는 자아 발견 및 자기 주도 경향이 강해져 건설적인 행동을 하기도 하지만 파괴적인 결과를 낳기도 한다.

뛰어난 전문가들이 공통으로 말하는 내용에 의하면 보통 12세가 되면 자신의 일생을 바칠 분야가 무엇인지 깨닫고 이에 대한 공부를 시작해서 결국 그 분야의 대가가 된다고 한다.

나는 이를 '성공적 자기 주도 Successful Self-directed

경로'라고 부른다.

지나치게 단순화시킨다는 비난을 들을지도 모르지만 이 경로를 거치지 않으면 '다른 사람의 지시를 따라가는 경로'를 가거나 '불건전한 내용으로 독립과 자극을 추진하는 경로' 중의 하나를 따라가게 되어 있다. 이 3가지 경로는 명백히 구분되지 않기 때문에 중간에 겹치기도 하지만 겹치는 기간이 짧기 때문에 크게 달라지지는 않는다. 다만 이 단계가 다음 단계를 결정하기 때문에 어떤 경로를 선택했느냐에 따라 미래가 크게 달라진다.

만일 당신이 지금 이 단계에 놓여있다면 어느 경로를 택할 것이지 심사숙고해야 한다. 이 단계가 지났다면 어떤 경로를 선택했고 그것이 당신에게 어떤 영향을 주었는지 생각해보자. 당신의 자녀가 이 단계에 있다면 어떤 방향으로 그들을 지도하고 싶은지 잘 생각해보라. 당신의 생각이 무엇이든 적어 놓고 나중에 다시 참조해보자. 이 단계에서 가장 큰 갈등은 타율적으로 지시를 따르도록 훈육하는 방법과 자율적으로 생각하고 습득하도록 훈육하는 방법 사이에서 발생한다. 어찌됐건(고등학교나 대학 졸업까지 이어지는) 이 첫 단계의 대부분은 당신을 지도하는 사람이 원하는 대로 행동하고 정보를 받아들이는 과정이라고 할 수 있다.

이 단계에서는 당신이 원하는 것을 스스로 발견하고 이를 달성할 방법을 찾을 기회가 별로 없다. 어른들로부터 지도를 받는 것과 스스로 생각하는 것 모두 당신의 발전에 중요하다. 특히 사춘기 후반에는 더욱 그렇다.

고등학생 시절은 가장 재미있으면서도 힘든 시기다. 호르몬 분비가 왕성해지면서 전보다 많은 자유가 주어진다. 감시로부터 자유로워지려는 본능적인 욕구가 커지는 동시에 다음 단계(예를 들어 좋은 성적으로 명문대학에 입학) 준비를 위한 압력도 커진다. 이런 과정은 대개 고등학교 저학

년 시기에 발생하지만 좋은 대학에 들어
갈 준비를 하는 빡빡한 생활 때문에 자신
을 위한 결정을 할 여유가 없다. 만일 준
비가 되어있지 않다면 준비를 위해 노력
하거나 아니면 자신이 원하는 것을 얻기
위해 철저하게 스스로 동기를 부여해야
한다. 아무것도 하지 않으면 사회에서 낙
오되고 안 좋은 결말을 맞이하게 된다.

이 중요한 시기를 거치면서 잊지 말아야 할 것이 있다.

1. 당신은 당신을 가슴 뛰게 하는 것과 그렇지 않은 것을 구분할 수는 있지만 아직 어느 방향으로 가는 것이 최선인지 알 방법은 없다.

2. 당신을 받아들이건 거절하건 다른 사람들에게 당신을 최대한 어필할 수 있도록 여러 가능성을 열어 놓는 것이 좋다.

3. 당신의 가슴을 뛰게 하면서 동시에 선택의 폭이 넓은 경로를 추구하는 것이 좋다.

뛰어난 교육은 어떤 것을 할 능력을 주고 즐거움도 알게 한다. 동시에 당신이 끌리는 것이 무엇인지 알고 이를 배우고 필요한 기술을 습득하는 것도 마찬가지로 중요하다. 당신의 자녀가 1단계에 있다면(즉 당신이 2단계에 있는 부모라면) 자녀에 대한 지도와 자율적인 사고 및 선택 사이의 균형을 잘 잡아야 한다. 둘 다 해야 하고 그것도 아주 잘해야 한다. 이 단계에서 부모와 자녀의 관계가 위태로워질 수 있다. 여러 선택지 가운데 한 가지를 선택하기가 어렵기 때문에 자율적인 사고와 관련해 부모와 자식 간에 의견 불일치가 발생할 수 있다.

이 시기가 지나면 대학에 입학하거나 직장을 선택해서 바로 두 번째 단계로 들어갈 수도 있다. 어떤 경로를 선택하느냐에 따라(마찬가지로 입학하는 대학과 선택하는 직업에 따라) 인생에서 다른 삶의 경로를 밟게 된다. 그런데 그 결정을 본인이 하지 않는 경우도 발생한다. 그곳까지 이끌어 온 환경에 좌우된다는 뜻이다.

대학에 입학하면 더 많은 자유를 누리고 친구들과 많은 추억을 쌓으며 지적인 자극을 경험하게 될 것이다. 하지만 여전히 자신이 진정으로 좋아하는 것을 찾지 못하고 어떻게 해야 할지 몰라 방황하기도 한다. 또한 이 시기에 전형적으로 나타나는 불안 그리고/또는 자만심 사이에서 고민한다(양자의 균형을 찾는데는 시간이 걸린다). 이 시기에도 자유로운 사고를 하기보다는 다른 사람들의 지시를 받는 경우가 많다. 이미 인생의 경로가 결정되어 있기 때문이다. 당신이 할 수 있는 결정이라고 해봐야 전공을 선택하는 정도다.

학교를 졸업하고 직업을 선택하면 두 번째 단계가 시작된다. 대가를 받고 일을 하는 첫 직장은 당신에게 중요한 인생의 교훈이 될 실전 경험을 제공한다.

잠시 멈추어 14개의 사건 중 몇 가지나 경험했는지 점검해보자. 퍼센트로 계산해보면 그것이 '전형적인 인생경로 첫 번째 단계의 경험 비율'이 된다.

당신이 어떤 경로를 지나왔는지 적어보자. 다른 사람이 만들어놓은 경로를 따라 성공적으로 자기 주도적인 길을 추구했는지 아니면 스스로 선택한 길을 따라 비생산적인 경로를 추구했는지 적어보자.

이제 생각해보자.

당신이 아직 이 단계의 초입에 있다면 당신의 향후 진로를 결정하게 될 주요한 사건을 나열해보고 당신에게 가장 좋은 결과를 가져다줄 선택에 대해 생각해보자. 당신이 이 단계를 이미 지나왔다면 대부분의 항목을 경험했을 것이다. 얼마나 당신의 실제 경험과 일치하는지 따져보자. 전형적인 삶의 경로와 비교해볼 수 있다. 아직 이 단계에 머물러 있다면 현재 위치를 파악해보고 당신과 당신에게 소중한 사람에게 앞으로 10년 사이에 발생할 일들에 주목해보자.

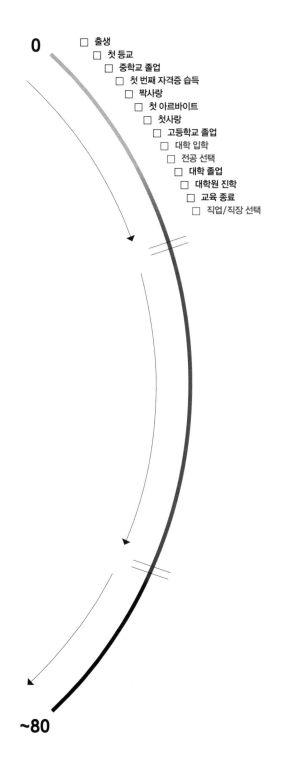

0

□ 출생
　□ 첫 등교
　　□ 중학교 졸업
　　　□ 첫 번째 자격증 습득
　　□ 짝사랑
　　　□ 첫 아르바이트
　　□ 첫사랑
　　　□ 고등학교 졸업
　　□ 대학 입학
　　　□ 전공 선택
　　　□ 대학 졸업
　　　□ 대학원 진학
　　　□ 교육 종료
　　　　□ 직업/직장 선택

~80

2단계

두 번째 단계는 첫 번째 단계와 많이 다르다. 첫 번째 단계에서 두 번째 단계로 가면서 안내받았던 경로에서 벗어나 자신만의 선택을 할 자유를 얻게 되는 것이다. 당신의 선택 범위는 매우 광범위하다. 전세계 어느 곳에서든 살 수 있고, 어떤 직업이라도 선택할 수 있고, 그 누구와도 같이 살 수 있다. 다시 말해 당신이 똑똑하고 능력만 있다면 원하는 것을 상당 부분 해볼 수 있다.

이 단계의 초반부에는 새로운 경로를 실험하고 탐험하는 사람들이 있는 반면에 기존 경로에 그대로 있으면서 보수가 좋은 직업을 선택하는 사람도 있다. 내 생각에는 (예를 늘어 1년이라는 시간을 징해놓고) 모험을 해보는 것도 좋다고 본다. 새로 얻은 자유와 이 세상에 대해서 그리고 인생에 대해 다시 생각해볼 기회가 되기 때문이다. 또한 사람들의 욕망의 대상인 높은 지위나 물질적인 부 없이도 살 수 있다는 걸 깨달을 것이다. 어떤 경로를 선택하건 원하는 방향으로 전진할 수 있다.

이 단계는 경험해보지 못한 완전히 새로운 단계다. 따라서 마음을 열고 새로운 것을 배우고 이를 다룰 원칙을 습득해야 한다. 이 단계의 초반에서 이처럼 시야를 넓힌 다음 뒤로 가면서 선택을 하고 이에 전념하는 것이 좋다고 생각한다. 물론 배워가면서 언제든지 선택을 바꿀 수 있다.

이 단계를 각각 초반, 중반, 후반으로 나누겠다.

20대 중반에서 30대 초반에 해당하는 초반기는 가장 만족도가 높고 근심이 없는 시기다. 친구들과 재미있는 시간을 보낼 수도 있고 좋아하는 활동을 할 수도 있으며 데이트를 하고 평생의 반려자를 찾을 수도 있다. 또한 분야의 전문가로서 입지가 강화된다.

이 시기는 '같이 일하고 싶은 사람들과 정열을 가지고 일에 몰두하되 금전적인 부분도 잊어서는 안 된다'라는 원칙에 맞는 시기다.

금전적인 보상을 절대 소홀히 해서는 안 된다. 돈은 안정감과 자유, 당신과 당신이 돌보아야 하는 사람에게 좋은 경험을 줄 수 있기 때문이다. '초과 자급자족' 상태를 유지하기 바란다. 이는 소비하는 것보다 더 많이 벌어 저축을 통해 자유를 누리라는 뜻이다. 금전적 자유가 있으면 안정적으로 생활하며 다른 사람을 도울 수 있지만, 없다면 재정적으로 다른 사람에게 의지해야 하기 때문이다.

이 단계의 중간 시기(보통 30~40대)에는 직장과 애정생활에서 더 많은 책임을 지게 되고 배우자를 만나 가성을 꾸린다. 첫아이가 태어나면 인생의 1/3이 지났다는 뜻이다. 동시에 부모님 인생의 마지막 1/3이 시작되었다는 뜻이기도 하다. 또한 일과 삶의 균형을 유지하기가 점점 힘들어진다.

이 단계의 후반기는 보통 40세~55세에 해당하며 평균적으로 가장 행복하지 않은 시기로 알려져 있다. 직장생활과 개인생활에서 성공하기가 생각보다 어렵다는 것을 깨닫는다. 이 시기에는 자식과 직장에 대한 걱정, 부모님에 대한 근심 그리고 자신이 원하는 삶을 살고 있는가에 대한 회의가 일어난다. 결혼생활의 환상이 깨지고 이혼이 많이 발생하기도 한다. 일과 사람들과의 관계가 더욱 소중해지는 시기다. 이를 바탕으로 삶의 의미를 찾고 자아를 실현할 수 있기 때문이다. 이것들이 없다면 이 시기를 견디기 매우 힘들어진다.

대부분은 55세~65세 사이에 두 번째 단계가 끝나고 세 번째 단계로 넘어간다. 직장생활이 끝나고 자녀들도 다 성장한다. 때로는 5~10년이라는 시간에 걸쳐 다음 단계로 넘어가기도 한다.

인생 경로 중 당신이 있는 위치에서 이 단계에 대한 설명을 다시 읽어보기 바란다. 두 번째 단계를 앞두고 있거나 그 단계에 있다면 자신의 경험과 이정표 항목을 비교해보자. 이 단계를 지났다면 항목들이 자신의 경험을 얼마나 잘 반영했는지 돌아보자. 어느 경우든 지나면서 기억할 만한 교훈을 적어보자. 그리고 앞으로 10년 내에 닥칠 일을 상상해보고 이정표 항목에 어떻게 대처할 것인지 생각해보자. 당신이 사랑하는 사람(예를 들어 자녀와 부모)이 인생 경로상 어디에 있는지 살펴보고 그들에게 앞으로 닥칠 사건과 10년 후 그들의 위치를 미리 고려해보자. 당신의 계획에 이것을 반영해야 할지 모르기 때문이다.

이 단계에서 당신에게 발생한 사건을 돌이켜보고 이정표 중 몇 개나 통과했는지 비율을 계산해보자.

지나간 경험이나 앞으로 겪을 사건 중에서 나중에 교훈으로 삼을 만한 내용이 있으면 적어보자.

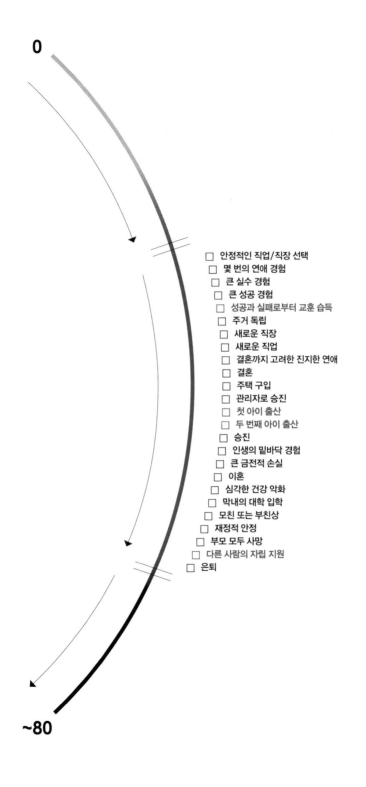

0

□ 안정적인 직업/직장 선택
□ 몇 번의 연애 경험
□ 큰 실수 경험
□ 큰 성공 경험
□ 성공과 실패로부터 교훈 습득
□ 주거 독립
□ 새로운 직장
□ 새로운 직업
□ 결혼까지 고려한 진지한 연애
□ 결혼
□ 주택 구입
□ 관리자로 승진
□ 첫 아이 출산
□ 두 번째 아이 출산
□ 승진
□ 인생의 밑바닥 경험
□ 큰 금전적 손실
□ 이혼
□ 심각한 건강 악화
□ 막내의 대학 입학
□ 모친 또는 부친상
□ 재정적 안정
□ 부모 모두 사망
□ 다른 사람의 자립 지원
□ 은퇴

~80

3단계

세 번째 단계는 두 번째 단계와 또 다르다. 이 시기에는 더 많은 자유를 누릴 수 있다. 직장에서 은퇴하고 자식들도 성장했으며 봉양할 부모는 돌아가셨고 출세를 위한 노력을 할 필요도 없다. 당신에게 이래라 저래라 할 사람도 없으며 가족, 친구들과 많은 시간을 보낼 수 있고 좋아하는 취미에 몰두할 수도 있다. 또한 이 시기에 보통 손자를 보게 되는데 다들 그 즐거움이 특별하다고 한다(나도 그렇다고 생각한다).

그러나 모든 변화가 그렇듯 세 번째 단계에 익숙해지려면 시간이 필요하다. 두 번째 단계에서는 당신을 찾는 사람이 많아 자신이 중요하다고 느꼈지만 세 번째 단계로 넘어가면 전처럼 찾는 사람이 없어지기 때문이다. 이 단계 나름의 또 다른 즐거움에 익숙해지려면 시간이 걸릴 것이다.

행복에 대한 설문조사에 의하면 이 시기가 인생 중 가장 행복한 시기라고 한다.

또 다른 좋은 점은 70세까지 탈 없이 산 사람은 평균 15년을 더 살기 때문에 (기대수명보다 5년을 더 사는 셈이다) 그만큼 더 인생을 즐길 수 있다는 점이다.

이 단계에서는 지혜가 풍부해지고 기술의 숙련도가 최고조에 달하기 때문에 다른 사람들이 성공할 수 있도록 기술을 전수할 수 있고 여러 방법으로 인생을 즐길 시간이 많아진다.

이 단계로 진입하는 데 어려움을 겪을 수도 있다. 그러나 이 시기는 가장 행복감을 누릴 수 있는 시기이므로 앞서 잘 적응한 사람들에게 물어보면 큰 문제가 없다. 가장 중요한 것은 앞 단계에서 가졌던 여러 관계의 끈을 놓고 자연스럽게 이 단계의 즐거움을 누리며 다른 사람들에게 도움을 주는 것이다.

자녀와 부모의 삶에 발생하는 변화를 보면 이 단계에서 당신의 위치를 알 수 있다.

3단계로 진입할 때쯤이면 자녀들이 2단계로 들어가 독립을 하게 되고 당신에게는 더 많은 여유가 생긴다. 또한 부모님의 사망으로 봉양의 의무도 사라진다. 자녀와 부모에게 생긴 이런 변화를 신호로 삼아 당신이 어느 위치에 있는지 가늠해보면 된다. 예를 들어 자녀가 직장을 얻고 결혼한다면 당신은 3단계의 초반부에 있다는 뜻이다. 만일 손주가 생겼다면 중반부에 있다고 생각하면 된다. 또는 이정표에 체크해서 자신의 위치를 알 수도 있다.

이 단계의 후반부에는 친구나 배우자의 사망, 심각한 건강 문제 그리고 인생의 마지막에 대한 복잡한 생각 등으로 힘들어지게 마련이다. 하지만 놀라운 것은 행복의 수준이 다소 낮아지기는 해도 사망 바로 직전까지도 꽤 높은 수준의 만족감을 유지한다는 점이다(적어도 나에게는 그렇다).

이 시기에는 죽음을 포함한 인생의 사이클을 받아들이는 것이 매우 중요하다. 다른 어느 시기보다 지혜와 정신적 능력이 최고조에 달한다. 죽음과 죽음을 대하는 자세 등에 대해서는 전문가들이 많은 연구를 해놓았다. 나 자신은 아직 이 단계에 이르지 않았기 때문에 여러분들에게 제시할 특별한 원칙이 없으니 각자 나름의 원칙을 수립해보기 바란다.

지나온 이정표를 체크해보고 그중에서 몇 개나 당신의 경험과 일치하는지 계산해보자.

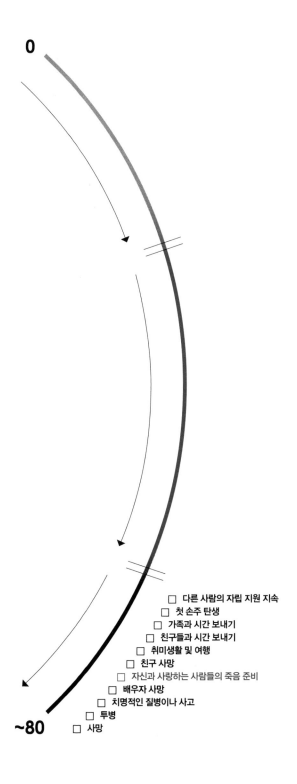

0

□ 다른 사람의 자립 지원 지속
□ 첫 손주 탄생
□ 가족과 시간 보내기
□ 친구들과 시간 보내기
□ 취미생활 및 여행
□ 친구 사망
□ 자신과 사랑하는 사람들의 죽음 준비
□ 배우자 사망
□ 치명적인 질병이나 사고
□ 투병
□ 사망

~80

인생 경로 계획하기

이제 각 단계를 꽤 자세히 검토했으므로 당신과 당신이 사랑하는 사람들을 위해 인생을 균형 잡힌 시각으로 볼 수 있을 것이다.

나이와 상관없이 여태까지 당신의 삶을 돌아보자. 당신이 체크한 이정표를 살펴보자. 그 이정표들은 당신의 삶에 어떤 큰 일이 발생했는지 자세히 알려준다. 빠졌다고 생각되는 게 있으면 추가하고 당신이 사랑하는 사람의 이정표도 똑같이 체크해보자.

이제 10년 앞을 보자. 향후 발생할 사건과 변화를 예상해보자. 10년 후에 당신과 당신의 소중한 사람이 지금과 얼마나 다를지 상상해보자. 그들에게 발생할 일이 당신에게 영향을 미치고 당신에게 발생할 일도 그들에게 영향을 미칠 것이다. 예를 들어 10년 후에 (당신보다 25~40세 정도 어린) 자녀들은 분가를 했을 것이고 (당신보다 25~40세 정도 더 나이가 많은) 부모님은 인생의 마지막 단계에 있거나 돌아가셨을 것이며 당신은 가장 힘든 시기에 접어들었을 것이다.

당신과 그들 앞에 어떤 일들이 기다리고 있는지 살펴보는 방법으로 앞으로 10년을 어떻게 하면 가장 좋게 만들 수 있는지 생각해볼 수 있다. 향후 10년 계획을 더욱 구체적으로 그릴수록(예를 들어 어떤 것을 위해 얼마나 많은 돈과 시간이 필요한지를 파악할수록) 더 좋은 미래를 맞이할 것이다. 그러면서 한편으로는 기억하고픈 내용도 적어보자.

당신이 어느 단계에 있든 전에 한 번도 경험하지 못한 사건을 만날 것이므로 이에 잘 대처해야 한다. 당신보다 먼저 경험한 사람들에게 그것이 어떤 것이고 그런 도전에 대처하기 위해 어떤 원칙을 가졌는지 물어보라. 마음을 열고 당신의 경험에만 국한하지 마라. 예를 들어 어떤 직업을 고려하고 있다면 그 분야에서 당신이 존

경하는 사람에게 시간에 따른 변화 등을
포함해 그 직업이 어떤지 설명을 부탁해
보라. 당신이 진출하고픈 분야에서 앞서
성공한 사람을 찾아서 그 방법을 알아보
고 성공을 이루기 위해 활용한 원칙을 물
어보라.

이제 다시 생각해보고 당신의 생각과 희망 사항을 기록하자. 생각과 원칙을 재검토해서 보관하자.

시간이 지나면서 이런 기록과 원칙들을 참고하고 수정하는 일이 얼마나 소중한지 깨달을 것이다. 그러면 당신이 세 번째 단계로 넘어가면서 다른 사람들이 당신의 도움 없이 성공하도록 돕고 싶을 때 당신의 원칙을 가르쳐 줄 수 있다.

이 장의 연습이 거의 끝나가는 이 시점에 당신에게 부탁한다. 자신을 최대한 객관적으로 보고 자신에게 가장 잘 맞는 경로와 방향을 선택하기 바란다. 인생이란 크게 보면 자신의 천성을 발견하고 그에 가장 잘 맞는 경로를 선택하는 여정이다. 이 책과 이 책에서 제안한 여러 방식들을 이용해 최선의 경로를 선택하기 바란다.

May the Force of Evolution
be with you!

진화의 힘이 당신과 함께하기를!

ISBN 979-11-5784-629-0 13320   ₩ 18,800